Voetballen doe je zó

Abe Lenstra

Voetballen doe je zó

Het Sporthuis

Uitgeverij De Arbeiderspers/Het Sporthuis
Amsterdam · Antwerpen

Eerste druk 1956
Vijfde druk 2009

Omslagontwerp: Nico Richter

ISBN 978 90 295 6512 7 / NUR 480, 482
www.arbeiderspers.nl

INHOUD

VOETBALLEN DOE JE ZÓ

HONDERD GOALS!

Voetballen doe je zó

VOORWOORD

Op geen enkel gebied van het menselijk leven bestaan er successen die alleen aan begaafdheid en aanleg te danken zijn.

Ook in de sport geldt het spreekwoord 'Oefening baart kunst' of 'Een luie kat krijgt nimmer wat' en wie in de sport iets wil bereiken, zal zich daaraan moeten houden.

Het gaat echter in dit boekje om het 'hoe?'. Voetballen zelf kan men natuurlijk niet uit een boek leren. Abe Lenstra, het voorbeeld van de Nederlandse voetballiefhebbers en in het bijzonder van de jeugd, heeft zijn jarenlange ervaring en zijn capaciteiten in dit boek samengevat en beschreven teneinde vooral voor de jeugd een wegwijzer en raadgever op het gebied van de voetbaltechniek te zijn.

Techniek, de basis van goed voetballen, maakt men zich – en zonder het te merken – het gemakkelijkst eigen in de jeugd. De jeugdtraining wordt door de bal beheerst. Techniek, techniek en nog eens techniek moet het parool zijn. Gevoel voor de bal en balbehandeling dienen punt één te zijn, net zo lang tot de jeugdige speler de bal tot in zijn slaap beheerst, de streken van de bal op elk veld en in iedere situatie kent. Want het moeilijkste bij het spel is de balbehandeling en, zoals men weet, leert men de moeilijkste dingen altijd het best en het volledigst in zijn jonge jaren.

De jeugdige speler dient ongeveer op zijn zeventiende jaar technisch bijna volmaakt te zijn, zodat hij met de bal doet wat hij wil – niet omgekeerd.

Om dit te bereiken moet men oefenen, oefenen en nog eens oefenen.

Moge dit boekje voor alle jongelui een raadgever en steun worden op hun weg naar de topklasse!

MAX MERKEL
Oud-trainer Koninklijke Nederlandse Voetbalbond
(Nederlands elftal)

Wanneer ben je een goede voetballer? Als je hard kunt lopen, een keihard schot in de schoenen hebt en een groot uithoudingsvermogen bezit?

Snelheid is belangrijk. Het is een middel om bijvoorbeeld een slecht geplaatste bal toch nog te achterhalen. Een sprinter kan ook snel toeschieten wanneer een pass 'in de ruimte' wordt gegeven. Maar... de sprinter kan pas wat met de – dankzij zijn loopcapaciteiten – tóch nog verworven bal doen als hij in staat is die bal onder controle te brengen en goed te behandelen.

Hard schieten? Prachtig! Wanneer de schutter tenminste ook weet wáár hij de bal moet raken om hem zuiver te kunnen plaatsen. Hij dient, wil zijn schot ten slotte van enig nut zijn, ook balvaardig te zijn.

Uithoudingsvermogen? Zonder lucht begin je niet veel. Een Zatopek begint echter niets op het voetbalveld, indien hij wél een wedstrijd kan uitspelen maar van koppen geen kaas heeft gegeten.

Het voetballen draait niet om deze kwaliteiten. Sprinten, hard schieten, uithoudingsvermogen zijn – hoe belangrijk ook – slechts prettige bijkomstigheden in vergelijking met dat ene: de techniek van de speler individueel. In de fijne trekjes, de zwierige handelingen met de bal, ligt ook het grote plezier van mijn sport besloten. Een speler die de bal met een touwtje aan zijn schoen schijnt te hebben, heeft beslist een prettiger wedstrijd dan de zwoeger, de sjouwer, en hij is in mijn ogen ook... nuttiger.

Techniek is de hoofdzaak van het spel en de enige basis van goed en aantrekkelijk spel. Om die reden bevat dit boekje vrijwel uitsluitend lessen die tot doel hebben de technische capaciteiten van de voetballers op te voeren. Een aantal handelt over de meest eenvoudige vormen van balbehandeling, maar een even groot aantal is gewijd aan 'fijne kneepjes' als schijnbewegingen en draaiballen.

De verzorging van de tekst heb ik overgelaten aan de journalist Bert Pasterkamp. Samen hebben we elke les gewikt en gewogen. Daarbij heeft de bal een grote rol gespeeld. Ik heb alle bewegingen zelf nog eens in de praktijk uitgevoerd voordat een pen op papier kwam.

Moge het uiteindelijke resultaat ertoe bijdragen dat ons voetballen beter wordt. En mogen velen vooral meer plezier gaan beleven aan hun en *mijn* sport.

Hun wens ik toe: Veel succes!

ABE LENSTRA

'Nederland – de nieuwe wereldkampioen...!'

Supporters van ons nationale elftal schreeuwden het in de late avond van die gedenkwaardige 14de maart 1956 (een gouden dag in onze sportannalen) over de Königsallee van Düsseldorf. De Duitsers, die stil tussen honderd keer zoveel Nederlanders door liepen, vonden het niet leuk. Zij hadden door de 2-1-nederlaag van hun 'Weltmeister' tegen ons al zo'n moeilijke middag gehad. En nu dit nog.

Nederland wereldkampioen! Als we dat nog eens waar konden maken. Maar... waarom zou het niet kunnen? De Duitsers hebben tot ieders verrassing die titel toch ook veroverd? En zijn wij soms minder mans? Het is niet bewezen. Ja toch, in één opzicht hebben Nederlandse voetballers in het algemeen een achterstand op de Duitse: onze *technische* vaardigheid is geringer.

Wij kunnen minder met de bal doen dan de spelers van de topelftallen uit het wereldkampioenschap 1954 als Duitsland, Hongarije en Uruguay. Ook de Brazilianen, Oostenrijkers, Engelsen en Zuid-Slaven overtreffen ons als het op het gebruik van dit wapen aankomt. Het zal in een treffen met zulke goed geschoolde elftallen lang niet altijd lukken om dit tekort te overbruggen met enthousiasme. Men kan niet altijd weer véchten. Bovendien is 'knokken' veel vermoeiender. Het vraagt veel meer van de spelers dan nodig is. Té veel. Daar volgt een terugslag op die funest is.

Een voorbeeld was de nederlaag van Fortuna tegen Amsterdam in de hoofdklassecompetitie 1955-'56. De vier topspelers van de Limburgers, Frans de Munck, Cor van der Hart, Bram Appel en Jan Notermans, konden vier dagen na hun zware wedstrijd met het nationale elftal tegen Duitsland niet opnieuw álles geven. Zij waren wellicht nog te veel ingesteld op de landenontmoeting, die veel van hun concentratie had gevergd. Men kan niet doorlopend in de hoogste versnelling blijven rijden. Je moet ook eens terugschakelen.

De hoofdoorzaak was echter een andere: zij hadden in Düsseldorf te hard moeten werken, waren de vermoeienissen nog niet te boven. Is het niet hoogst merkwaardig dat van de acht elftallen die spelers hadden afgestaan voor de triomf op het Duitse elftal, er vijf de volgende zondag niet tot een overwinning kwamen?

Het bewees eens te meer dat het niet mogelijk is binnen korte tijd twee goede prestaties te leveren, wanneer de spelers zich één keer op bijzondere wijze hebben moeten inspannen. Voor mij is het ook en opnieuw een duidelijke wenk geweest dat we moeten gaan leren *gemakkelijker* te voetballen. Dat wil zeggen: bij alles wat we ondernemen zal de nadruk dienen te liggen op uitbreiding van de technische vaardigheid.

Dit geldt niet alleen voor het handjevol topspelers binnen onze grenzen. Het geldt voor elke jongen en oudere, voor iedereen die in het voetbalspel zijn ontspanning zoekt. Sportvreugde beleef je pas als je probeert je sport zo goed mogelijk te beoefenen. En probeer het in elk geval te *leren*.

1

2

Foto 1: *Géén elastiek, wél verbandgaas* (les 1). Foto 2: *Kijk wat de bal doet!*
(les 2).

4   5

Foto 3: *Schuiven, met de volle wreef* (les 3). Foto 4: *Schuiven, over de grond, met de volle binnenkant* (les 3). Foto 5: *...een aaitje met de buitenkant en de bal drááit weg...* (les 4).

6

7

Foto 6: ...*de bal moet (helaas) door de lucht worden gespeeld: lichaam achterover, raak het leer aan de onderkant met de voorwreef* (les 5). Foto 7: ...*op het moment van schieten gaat het bovenlichaam achterover* (les 5). Foto 8:... *voorste deel van de schoenzool boven op de bal, de hiel wat lager en het 'vanghokje' is gemaakt: de bal is prima onder controle gebracht en kan geen kant meer uit* (les 6). Foto 9: ...*in plaats van afstoppen een schijnbeweging: razendsnel gaat het lichaam over naar rechts en je speelt de bal met de buitenkant van de rechtervoet links langs de tegenstander* (les 6).

8

9

10   11

Foto 10: *Schuif uit dat rechterbeen. Zo stop ik een bal af, die langs me dreigt te gaan* (les 7). Foto 11: *Ho! De bal is opgevangen met het... zitvlak, stuit direct weer op de grond en ligt dan prachtig binnen mijn bereik* (les 7). Foto 12: *Méégeven – maak in de maagstreek een kuiltje en de bal vindt er een prachtig nestje* (les 8). Foto 13: *Dat is de manier om het leer op je voorhoofd op te vangen en in je bezit te houden. In elkaar zakken en toch... kijken naar de bal* (les 8).

13

12

15

Foto 14: *Abe en Jan lopen rond het veld, maar mét de bal! En Jan zorgt er wel voor te kijken en de bal ineens te spelen* (les 9). Foto 15: *Tijdens de wandeling kijk je niet naar de bal! Op deze foto is Abe op weg een doelpunt te maken tegen de Belgen* (les 10).

14

16

17   18

Foto 16: *Drijven – rechts, links, binnenkant schoen, buitenkant schoen. Hou de bal bij je, speel 'm bij elke stap* (les 10). Foto 17: *...paaltje één passeer ik rechts, paaltje twee links, paaltje drie rechts en ik speel de bal afwisselend met beide voeten* (les 10). Foto 18: *De bal gaat rechts langs het paaltje, ik neem de andere kant* (les 11).

21

19

Foto 19: *Koppen – dat doe je zo. Je helt achterover als de bal op je afkomt, om des te harder – met je voorhoofd – op het goede moment te kunnen toeslaan. En... hou die ogen open!* (les 12). Foto 20: *Omlaagkoppen: je klimt boven de bal uit, knikt fel en ziedaar, het leer gaat naar beneden* (les 13). Foto 21: *Een schijnkopbeweging: je tikt de bal met het kruintje van je hoofd achterover door, over een tegenstander naar een medespeler* (les 13).

Foto 22: *Laat de bal maar dansen op je voorhoofd. Mij lukt het 664 maal* (les 13). Foto 23: *Meenemen – door één snelle beweging de richting corrigeren en onmiddellijk verder spélen. Zó gaat 't prima. Je laat de bal, die van de zijkant (in dit geval: van links) is gekomen, in de holte van de binnenkant schoen vallen – het leer loopt vanzelf door voor de rechterschoen* (les 14).

22

23

Foto 24: *Meenemen – met het bovenlichaam duw je de bal in de door jou ge-*
wenste richting. Het lukt altijd! (les 14). Foto 25: *Dat is de goede opstelling:*
in de lengte van het veld – je kunt nu alle kanten op. Laat de bal maar langs
je gaan. Tempowinst! Direct breng je hem met de schoenzool onder controle!
(les 15).

26   28

Foto 26: *Beentje over! Je hebt de van links gekomen bal met de buitenkant
rechterschoen als het ware 'omgeduwd'. Hij ligt nu prachtig speelbaar voor je
voet. De tegenstander is een geslagen man* (les 15). Foto 27: *Niet klakkeloos
afstoppen, direct doorspelen – duw de bal licht weg met de (zilveren) schoenzool* (les 16). Foto 28: *Snel komt het rechterbeen over – je kunt de bal met de
buitenkant spelen en verder alles doen zonder last te hebben van die vervelende tegenstander aan je linkerhand* (les 16). Foto 29: *Goal! Abe duwt de bal,
ondanks zijn 'schaduw' Eckel, langs de Duitse keeper en linksback. Nederland
leidt met 1-0 en zal met 2-1 winnen* (les 17).

29

27

Foto 30: *Terugtrekken – zet de punt van de schoenzool boven op de bal* (les 17). Foto 31: *Schijnhak – je brengt de rechtervoet links langs de bal* (les 15). Foto 32: *Schijnhak – ...en de voet ook over de bal terughalen* (les 15). Foto 33: *Alweer schijn: je wekt de indruk de bal met de rechtervoet te zullen spelen, maar zwaait die voet over de bal heen naar links en speelt direct het leer met het linkerbeen...!* (les 15).

32

33

34 35

Foto 34: *Zo schaar je – het rechterbeen zwaait tussen de bal en het linkerbeen door* (les 19). Foto 35: *Nee, niet met het kruintje achterover doortikken. Kruip nu onder de bal door, draai je als een hazewind om en sprint erachteraan* (les 19). Foto 36: *Keeper Daenen (België) valt naar links uit – de bal gaat van Abes voet naar de andere hoek...* (les 20). Foto 37...*op het moment van schieten draait de voet – het voorste gedeelte zwenkt even naar binnen en met de kleine teen stuur je de bal de andere kant op...* (les 20).

39 40

Foto 38: *Overstapje – laat de bal tussen je benen door lopen* (les 20). Foto 39: *Linkervoet even achter de bal...* (les 21). Foto 40: *...stap eroverheen...* (les 21).

41

42

Foto 41: *...loop wég, zodat je met de rug naar de bal komt te staan...* (les 21).
Foto 42: *...draai je snel om naar rechts...* (les 21). Foto 43: *...en je kunt, on-gehinderd, met het linkerbeen een schot in de hoek lossen!* (les 21).

43

44

45

Foto 44: *Jongleren – de schoenpunt schuift steeds onder de bal door, je duwt in opwaartse richting en het leer draait dan naar binnen* (les 22). Foto 45: *Fout! – een ingooier mag niet opspringen* (les 23). Foto 46: *Fout – je mag niet evenwijdig met het veld gaan staan* (les 23).

47

48

Foto 47: *Prima – zet alleen de hakken op de lijn (dat scheelt weer een decimetertje) en licht ze, op het moment van de worp, niet op* (les 23). Foto 48: *Goed zo! Eén voet op de kalklijn en jijzelf staat in de richting van het veld* (les 23). Foto 49: *Achteroverspelen: steek je been gestrekt uit, laat de bal op de wreef vallen en hel zelf achterover* (les 24).

49

51

50

52   53

Foto 50: *Daar gaat-ie, precies over je hoofd heen, in de richting die je – door je eigen opstelling – hebt bepaald* (les 24). Foto 51: *Strafschop – even wachten, de keeper duikt al naar links, nu schiet je de bal in de andere hoek!* (les 25). Foto 52: *Strafschop – doe alsof je de bal nog even wilt goed leggen, ontspant de keeper zich? Dan...* (les 25). Foto 53: *...dan punter je het leer bij verrassing langs hem!* (les 25).

Kan dat? Ja! Voetballen is een kunst. Zij die het tegendeel beweren, weten er met recht geen bal van. Het is echter een kunst die geleerd kan worden. Ik heb dat ook moeten doen. Waarschijnlijk had ik de natuurlijke aanleg, de gave, zoals men dat pleegt te noemen. Al datgene wat me 'in de wieg' werd meegegeven, zou echter nooit tot ontwikkeling zijn gekomen wanneer ik niet had geoefend. Van m'n vijfde jaar af is de bal al m'n beste vriend. En nóg train ik. Viermaal in de week. Denk nooit het al te kunnen. Je kunt het altijd nog beter leren. Misschien is het goed dat woordje leren te vervangen door: *bij*-leren (uiteindelijk heeft iedereen wel iets in zijn benen zitten). Ofwel: *anderen kunnen je wat bijbrengen.*

Laat ik, via dit boekje, één van die anderen mogen zijn.

Een paar algemene opmerkingen.

Gebruik géén alcohol. Rook niet of doe het zeer matig. Ga voor een wedstrijd vroegtijdig naar bed. Doe al datgene wat nodig is om fit op het veld te verschijnen. Het ligt allemaal nogal voor de hand, maar de ervaring heeft me geleerd dat deze simpele aanbevelingen niet genoeg herhaald kunnen worden. Er zijn nog altijd sportjongens die menen dat deze ijzeren wetten niet voor hen zijn geschreven. Zelfs na de victorie op Duitsland heb ik me beperkt tot het drinken van een jus d'orange. Ik voel me er wel bij. Misschien is het niet drinken een van de redenen waarom ik op 36-jarige leeftijd nog in het Nederlands elftal speel.

Zorg ervoor dat je voetbaluitrusting altijd in orde is. Zijn de doppen onder je schoenen goed? Kunnen de veters niet breken? Controleer het elastiek in je broekje. Het mag niet voorkomen dat tijdens de wedstrijd je schoenveters het begeven. Dat zijn géén kleinigheden. Wanneer zoiets gebeurt tijdens een aanval van je club kan het een doelpunt minder betekenen. En doelpunten zijn aanmerkelijk duurder dan veters en een metertje elastiek!

Merkwaardig, maar er zijn nog altijd duizenden voetballers die sokophouders gebruiken of elastiek om hun kousen op te houden. Beide middelen zijn uit den boze, zelfs gevaarlijk, omdat ze kramp kunnen veroorzaken. Doe het anders. Volg mijn voorbeeld. Sinds jaren houd ik mijn kousen omhoog met... verbandgaas (foto 1). Wind het om de kous en knoop het daarna gewoon vast. Het is het 'ei van Columbus'. En een goed ei!

LES 2 *De bal moet je vriendje zijn*

In Janneman steekt een toekomstig speler van het Nederlands elftal. Het is maar een heel klein Enschedees jongetje, een paar turven hoog en nauwelijks... vier jaar oud. Maar hij voetbalt als de beste. Nu al. Hij hééft 't.

Jantje heeft maar één hele beste vriend: het gummiballetje in zijn broekzak. Nog nooit heb ik hem zonder dat 'ronde vriendje' gezien. Hij loopt er – met toestemming van zijn ouders – mee door de kamers, gaat voetballend boodschappen doen en klimt 's avonds koppend de trap op naar zijn bed. Veel kopjes, schoteltjes of wandbordjes hebben die dagelijkse oefeningen z'n moeder nog niet gekost. Eenvoudig, omdat Janneman als vierjarige al weet wat hij met de bal kan doen. Het is een voetbalgoochelaar-in-de-dop.

Als ik hem bezig zie denk ik steeds weer aan mijn jonge jaren. Mijn broer Jan en ik waren altijd actief met zo'n klein goedkoop balletje. De hele weg naar school legden we voetballend af. Dat ging zo vier keer per dag. In het schoolkwartier voetbalden we. Voor het eten gunden we ons tussen de middag geen tijd. We moesten voetballen. Na schooltijd waren we met z'n tweetjes aan het voetballen. Meestal achter het huis, op een klein veldje, waar we zelf twee doelen hadden gemaakt. Bij slecht weer speelden Jan en ik een 'partijtje tegen' in een schuurtje naast de woning van mijn ouders. Twee deuren waren daar de doelen. Er zijn in dit hok – zo mag je het wel noemen – heel wat goals gemaakt. Een mooie tijd. Later zal ik er nog wel eens wat meer van vertellen. Nú wil ik er alleen maar mee zeggen dat wij op die manier in feite leerden voetballen. En dat moet voor veel jongeren een vingerwijzing zijn.

Tegenwoordig mag je op straat niet meer tegen een bal trappen. (Misschien dat er daarom minder goede voetballers zijn dan vroeger!) Op elke hoek lijkt wel een politieagent te staan. Het zou ook levensgevaarlijk zijn voetballend over de rijweg te zigzaggen. Begin er maar niet aan. Er zijn echter nog plaatsen genoeg te vinden waar je wel in je eentje kunt trappen. Alles wat je nodig hebt is een bal – die draag je altijd bij je! – en een muur. Plus enkele porties doorzettingsvermogen.

Die blinde muur gaan we benutten. Hij doet dienst als doel. En nu: trap de bal er maar tegenaan. Links, rechts, rechts, links, links, rechts. Vooral met beide voeten. Een beetje behoorlijke voetballer kan ze allebei gebruiken. Trouwens, je lóópt toch ook op twee benen? Schiet op alle mogelijke manieren. Met de binnenkant van de beide schoenen én met de buitenkant. Doe het afwisselend. Binnenkant links, buitenkant rechts, binnenkant rechts, buitenkant links. Doorgaan. Het verveelt nooit. Blijf schieten, steeds opnieuw én... *kijk wat er met de bal gebeurt!*

Elke oefening heeft een bedoeling. Deze heeft er méér dan één. Ze leert je beide benen te gebruiken (links, rechts, links, rechts, volhouden, geef het niet op!). Eenbenige voetballers zijn heel wat minder waard dan hun vriendjes die links en rechts even goed trappen. Stel je voor dat de bal in de buurt van het vijandelijke doel plotseling voor je 'slechte' been komt. De achterspeler van de tegenpartij geeft je vast geen gelegenheid om de bal voor je 'goede' voet te leggen. Hij heeft aan één seconde genoeg om zich te herstellen. Wég kans op een doelpunt!

Ons partijtje goal schieten tegen de muur heeft echter pas de grootste waarde als je goed kijkt. Als je oplet wat de bal doet, wáár hij terechtkomt en hoe hard (of zacht) het schot wel is na die bepaalde voetbeweging van jou. In welke richting gaat het balletje, wanneer je hem met de buitenkant van je linkerschoen raakt? Wat gebeurt er bij een schot met de binnenkant rechts? En gaat de bal de lucht in of over de grond? Daar zit een enorm verschil in. Het is niet allemaal hetzelfde. Jij, de voetballer zelf, maakt uit welke loop de gummi-, plastic- of leren voetbal zal nemen. Het hangt er maar van af wáár je hem raakt.

De speler bepaalt ook de afstand. Hij kan ervoor zorgen dat de bal dáár terechtkomt waar hij dat wenst. Beheerst hij dit onderdeel van het spel niet dan heeft hij géén *gevoel* in de benen. Tien tegen één heeft hij zelden of nooit tegen een muur staan trappen. Heeft hij het wel gedaan dan heeft hij vast niet naar zijn voeten gekeken. Hij schoot maar wat in het ongerijmde en daardoor was die hele oefening waardeloos. Het draait om dat kijken naar de stand van je voeten. Je moet weten wat je te doen hebt om een bepaald resultaat te bereiken. En dat leer je door dat simpele baltrappen, wanneer je je voetbewegingen maar controleert (foto 2). Ten slotte zal de bal geen geheimen meer voor je hebben. Door de ervaring, de dagelijkse oefeningen, weet je voor jezelf in welke richting de bal zal springen en welk effect hij krijgt als je zus of zo doet met je voet.

Neem een voorbeeld aan onze grote biljartmeesters, aan kampioenen als Piet van de Pol, Henk Metz, Jan Sweering, Henk Scholte, Kees de Ruyter en andere matadoren op het groene laken. Zij zijn door het vele doen te weten gekomen hoe en waar ze het ivoor moeten raken om een carambole te kunnen maken. Let wel: door het vele doen. Voor de voetballers is het van hetzelfde laken een pak.

LES 3 *Schuif de bal altijd over de grond*

Voetbal is een spel voor elf jonge (of oudere) mannen. Dat vrouwelijke figuren zich geroepen voelen zich aan deze typisch 'heer'lijke sport over te geven is hun zaak. Ik zie ze vooralsnog liever in minder stoere takken van sport, die meer passen bij hun lichaamsbouw en charme, én – vooral – op de tribune.

Maar het maakt niet uit of meisjes dan wel jongens het elftal vormen dat zich na gedegen voorbereiding in de strijd tegen evenveel tegenstanders werpt. Het doel blijft: met elkaar samenwerken teneinde een zo goed mogelijk resultaat, bij voorkeur de overwinning, te behalen. Van samenwerking op het voetbalveld is pas sprake als de spelers het elkaar gemakkelijk maken. En niets is eenvoudiger voor de goede technische voetballer. Hij – het 'vriendje van de bal' – is in staat het leer zo naar zijn medespelers toe te schuiven, dat deze er direct weer iets mee kunnen doen.

Hij speelt de bal niet op de borst of op de kin van teamge-noot Jansen. Nee, vriend Jansen krijgt de bal van hem pre-cies op zijn tenen. Zó, dat hij hem onmiddellijk kan door-spelen aan medespeler nummer drie.

Allicht! Speler nummer twee – in dit geval die Jansen – heeft bij een pass die hem op één of anderhalve meter hoogte bereikt, veel te veel tijd nodig om de bal onder con-trole te krijgen. Hij moet daarvoor ten minste één, maar meestal meer lichaams- en voetbewegingen maken. Het geeft de tegenstanders weer gelegenheid zich te herstel-len.

Schuif de bal altijd over de grond! Op die manier bewerkstel-lig je steeds weer dat medespelers het leer voor hun voeten krijgen. Dit is een van de grootste 'geheimen' van het com-binatiespel. Het kán en het kost geen moeite.

Hoe voorkom je dat de bal de lucht in gaat? Ik zal het even voordoen (foto 4).

Kijk naar de stand van de voeten. Het linkerbeen staat naast de bal, niet meer dan enkele centimeters ervanaf. Het lichaam hangt over de bal heen. Alle spieren zijn los. De armen houden me in evenwicht, nu ik op één been sta. Mijn rechtervoet, waarmee ik wil schieten, zweeft van hiel tot tenen iets boven de grond. Hou dat rechterbeen slap. Vooral niet krampachtig of stijf. Je valt heus niet. Bovendien: een stijf gehouden rechterbeen werkt als een rem.

Nu de voetbeweging. Raak de bal, éven boven de gras-mat, met de volle binnenkant van je schoen. Het resultaat: de bal volgt één rechte baan én gaat over de grond. Precies als een boot, waarvan de zeiler het roer op 'rechttoe, recht-aan' heeft vastgezet. Jij hebt ook *gestuurd*. Met de schietende voet en met het vooroverhellende lichaam. Als ik deze handeling uitvoer kan het niet misgaan. De bal volgt een kaarsrechte lijn. Waarom zou iedereen het dan niet kunnen? Het is zo simpel en het speelt zo licht voor jezelf en je teamgenoten.

Deze voetbeweging heeft alleen waarde als een pass over kortere afstand, tot 10 of 20 meter, nodig is. Staat de medespeler verder van je af, dan doen we het anders, maar éven goed en opnieuw zó dat de bal over de grond 'wandelt'.

We laten het zien op foto 3:

De niet schietende voet staat op dezelfde plaats als bij de vorige oefening: ongeveer 10 centimeter terzijde van de bal. Het lichaam hangt weer over het leer, om het toch maar vooral láág te houden. En ook nu zweeft de voet waarmee zal worden geschoten, iets boven de grond. Het enige verschil: we gebruiken *niet* de volle binnenkant van de schoen, maar alleen de volle *wreef* en we raken de bal in het *midden*. Wie het zo doet houdt de bal onherroepelijk laag. Hij is een aanwinst voor het elftal en op weg het 'vak' te leren.

Probeer dit belangrijke spelonderdeel onder de knie te krijgen door een oefening met één clubgenoot. Tussen de twee deelnemers komt een bal te liggen. Een tweede bal is de speelbal, die de jongens steeds weer over de grond naar elkaar toe spelen. Het naar elkaar schieten is minder belangrijk. Hoofdzaak is dat zij bij elk schot proberen het 'doel' (de tussen hen in liggende bal) te raken. Elke 'treffer' is een doelpunt. Het wordt op die manier nog een wedstrijd ook en een leerzame.

LES 4 *Goochelen – het leer draait en gaat om een tegenstander heen*

Van de meer dan driehonderdduizend voetballers die onze KNVB rijk is, trappen verreweg de meesten uitsluitend met de binnenkant van de schoen of de wreef. Jammer! Het mag waar zijn dat in negen van de tien spelsituaties deze balbehandeling de enige gewenste is, maar uitgerekend in dat tiende geval moet je de *buitenkant* van de schoen gebruiken. En dan is die buitenkant goud waard.

Dat stukje leer – het zit waarlijk niet aan de schoen om alleen de voet te beschermen! – stelt de speler in staat om de wonderlijkste goocheltoeren te etaleren. Die kunststukjes geven aan het spel het sausje dat het lekker doet smaken. Het zijn de fijne trekjes die het voor de voetballers zelf én voor de kijkers aantrekkelijk maken. Wie de goochelarij in zijn macht heeft is de virtuoos, de ster van het veld en vaak de matchwinnaar. De buitenkant van de schoen geeft de voetballer de gelegenheid een tegenstander compleet uit te schakelen.

Hier is zo'n geval. Tussen een medespeler en jou staat een man van de tegenpartij. Die tegenstander bevindt zich bovendien maar een paar meter van je af, in elk geval zo weinig, dat je de bal niet gemakkelijk over zijn hoofd kunt wippen.

Van het spelen door de lucht hou ik helemaal niet – waarom vertel ik later – en ditmaal is het ook zeer beslist niet nodig. De tegenstander rekent erop dat je het toch door de lucht zult proberen. Hij verwacht zijn hoofd ertussen te kunnen steken. Stil laten rekenen. De bal gaat direct *over de grond* langs hem heen, omdat je hem met... effect speelt.

Zo! Je schuift de iets boven het veld hangende voet (links of rechts) langs de bal en raakt hem in het midden. Het is maar een aaitje, waarbij je als het ware met je teen stuurt (foto 5). De bal drááit weg – dat doet ie werkelijk! –, gaat iets naar buiten en komt weer rustig naar binnen in de richting van de medespeler. Hij heeft een flauwe bocht gemaakt, meer niet. De tegenstander is een geslagen man. Op een dergelijke manoeuvre heeft hij niet gerekend en voordat hij het doorheeft is de bal al langs hem. Voor hem was een schot met de binnenkant van de schoen of met de volle wreef wel zo plezierig geweest. Dan had hij de bal gemakkelijk kunnen onderscheppen. Nu komt hij er niet aan te pas.

Het is leuk én nuttig om dit 'goochelkunstje' – die indruk maakt de beweging – ook toe te passen aan de rand van het veld. Je staat een meter binnen de lijn, de tegenstander eveneens en je medespeler achter hem. Na het aaitje met de buitenkant schoen drááit de bal in de richting van de outlijn. Gaat uit, denkt iedereen. Ook de tegenstander. De grensrechter heft zijn vlaggetje al omhoog. Hij laat het van schrik bijna vallen, want op het ogenblik dat de bal uit *moest* gaan, draait hij weer naar binnen. Hij 'huppelt' langs het lijntje naar de medespeler.

In de tijd dat de tegenstander naar zijn hoofd grijpt en zich afvraagt hoe dat mogelijk was, is een aanval opgebouwd. Hij telt in het dekkingsschema niet meer mee. De man die dit 'fijne trekje' weggaf is hem al lang en breed gepasseerd en heeft ongedekt, als vrij man, zijn deel aan de aanval.

Dit voetbalstaaltje, dat veel overeenkomst heeft met een piqué op het biljartlaken, komt ook op minder goede velden tot zijn recht. De bal neemt, gelijk de ivoren biljartbal, het effect in elk geval aan. De afstand is geen groot bezwaar. Persoonlijk lukt het mij wel de bal ook over een afstand van bijvoorbeeld 30 meter te laten draaien naar de man die met mij voor de zege vecht.

Zuivere voetbal*kunst* – daartoe mag deze behandeling van de bal worden gerekend. Slechts weinigen, onder wie een balkunstenaar als Stanley Matthews, weten er het fijne van. Toch is ook dit trucje te leren. Het is slechts een kwestie van aanvoelen en oefenen.

LES 5 *Hoog spel is met recht 'hoog spel', maar als het moet... dan goed*

Speel zelden door de lucht. Dat is de beste raad die ik geven kan. Doe het alleen, wanneer er werkelijk geen andere mogelijkheid is om de bal over tegenstanders heen te plaatsen. En doe het dan nog op de manier die volledige zekerheid geeft over het neerkomen van het leer op de goede plaats: bij een medespeler.

Hoog spel is met recht 'hoog spel'. Het houdt veel risico's in en bitter weinig voordelen. De bal is, door de lucht gespeeld, langer onderweg. Hij legt nooit de kortste afstand af van A naar B, maar maakt een bocht en daarmee een omweg.

De medespelers worden er niet door gediend. Zij moeten een hele serie bewegingen maken om de uit de lucht vallende bal onder controle, in hun macht, te krijgen. Dat vraagt energie, die voor betere doeleinden kan worden benut. Nog vervelender is, dat zo'n complex onnodige handelingen (opvangen, doodmaken, goed leggen, schieten) enige tijd vergt. Tijd, die zo kostbaar is in een wedstrijd van negentig minuten.

Het eigen spel lijdt onder trappen-door-de-lucht. De

combinaties worden trager, terwijl het toch duidelijk is dat deze bij een snelle uitvoering veel meer kans van slagen hebben.

Met hoog spel geeft men alle troeven in handen van de verdedigende partij. Haar mannen die de achterhoede vormen, zijn meestal langer dan hun tegenstanders: de voorwaartsen. Zij winnen door die voorsprong de kopduels. Het ingrijpen in het algemeen wordt hun te gemakkelijk gemaakt bij hoog geplaatste ballen.

Een enkele maal slechts heeft 't nut door de lucht te spelen. Wanneer bijvoorbeeld een kluwen van spelers tegenover je staat en geen enkele vrijstaande medespeler in je nabijheid te vinden is. Dan *moet* de bal wel omhoog. Speel hem dan echter op zo'n manier, dat hij zonder beding bij je clubvriend achter de kluwen 'daalt'.

Die manier is de volgende:

De voet waarop gerust moet worden, komt even achter de bal te staan, schuin achter, met dien verstande dat zijdelings de afstand tussen bal en voet niet meer dan enkele centimeters is. De knie van hetzelfde been buigt door. Het lichaam gaat ditmaal iets *achterover*. Bij vorige oefeningen moest het steeds over de bal gebracht worden. Nu niet, want we willen de bal omhoogbrengen. De lichaamshouding, zeer belangrijk, maakt dat grotendeels uit. Voet nummer twee, gereed tot schieten, wordt bij de *onderkant* van de bal gebracht. Weer zo'n groot verschil in vergelijking met onze vorige praktische lessen. Toen hielden we de bal laag door hem in het midden te raken. De (schiet)voet blijft iets boven de grond – we voelen er niets voor om in de aarde te trappen – en we raken de bal met de *voorwreef* (foto's 6 en 7).

Het kan niet missen. Het leer verdwijnt als een vliegtuig dat van Schiphol vertrekt. Het komt alleen wat sneller neer. Wanneer en waar hangt helemaal van ons af. Hebben we veel kracht achter de bal gezet dan maakt hij een wat langere vlucht dan na een streling.

Backs maken nogal eens gebruik van deze mogelijkheid om ruimte te maken. Ik kan me dat voorstellen als zij in moeilijkheden zitten. Die 'gemaakte ruimte' is overigens maar zeer betrekkelijk. Men kan er staat op maken dat zo'n forse trap slechts zelden een medespeler bereikt. Tegenstanders vangen de bal vrijwel altijd op en kunnen hem opnieuw in het vijandelijk doelgebied brengen. En dan kunnen de backs voor de tweede keer beginnen.

Ruimte maken achterspelers pas als zij de bal zuiver over de grond in het bezit van een medespeler brengen. Gevaarlijk? Als zij het goed doen is er geen vuiltje aan de lucht. Het trap-maar-weg-systeem is in zijn geheel gevaarlijker en bepaald nutteloos. Het leidt nooit tot het opbouwen van een aanval en dat doet het zuivere grondspel onder alle omstandigheden.

Doelverdedigers plegen er ook een gewoonte van te maken de bal hoog uit te trappen. Veelal zijn het trappen in het ongerijmde. De wind krijgt de kans zich ermee te bemoeien en de voorhoedespelers kunnen de bal niet bereiken. Dat zij, als dit toevallig wel lukt, diep in hun arsenaal moeten tasten om het leer in hun macht te krijgen, willen we nog buiten beschouwing laten.

Verre uittrappen schijnen zo mooi. Ze kúnnen ook tot ongedachte uitvallen leiden. (Het Nederlands elftal won er destijds in Rotterdam een wedstrijd tegen Frankrijk door: drie goals van Timmermans na uittrappen van De Munck.)

Het spel is echter *altijd* effectiever als de doelman de bal naar een medespeler toe werpt. Dan alleen is hij er zeker van de grondslag te leggen voor een aanval van zijn eigen partij. En bij hem begint de opbouw van de aanval.

LES 6 *Zó krijg je de bal onder controle en verras je een tegen-stander*

Een voetballer heeft iets in de melk te brokkelen als hij de bal onder controle, in zijn macht kan krijgen. Hij moet in staat zijn dat ronde brok leer geheel aan zijn wil te onderwerpen. Hij moet in alle gevallen de baas zijn over de bal en hem duwen naar de plaats waar hij dat wenst.

Het klinkt bijna in tegenstelling met vorige opmerkingen, waarin de uitdrukking 'vriend met de bal' werd gehanteerd. Het is het niet. Want ook een goede vriend doet voor zijn partner wat die wil. Enige voorwaarde in die gevallen is dat het redelijk blijft. In de verhouding speler-bal is weinig onredelijk!

Controle, de macht over het leer, begint bij het stoppen. 'Doodmaken' is een populaire uitdrukking voor deze handeling. Een foute uitspraak! Zo'n levend voorwerp als een bal laat zich namelijk niet 'dood'-maken. Zeg liever 'klaar-maken' voor de volgende handeling. Dát is het doel van het stoppen. Er zijn zelfs bezwaren aan te voeren tegen het gebruik van het woordje stoppen. Meestentijds heeft de voet- of lichaamsbeweging alleen maar tot doel de bal zijn snelheid te ontnemen, af te stoppen. We willen de snelheid corrigeren en, vooral, verminderen. We proberen de vaart eruit te halen, omdat we met een razendsnelle bal maar heel weinig kunnen uitrichten, en doen dit zodanig dat hij niet of nauwelijks terugspringt. Proberen we het anders, dan is de bal opnieuw aan onze controle ontsnapt.

Het werkelijk stilleggen van de bal bereiken we op de manier die het meest gebruikt wordt. Door de schoenzool op de bal te zetten. We kunnen deze methode echter alleen toepassen als de bal recht op ons af komt. Door goed opstellen, in de richting van de zichtbare baan, is dat vaak te bevorderen.

Een eenvoudige vorm van balbehandeling, waarbij de vrijwel rechte stand van de speelvoet en een licht voorovergebogen lichaam hoofdzaken zijn, laat ik zien op foto 8. De hiel hangt iets lager dan de schoenpunt, maar staat beslist niet op de grond. Zetten we de hiel wél op het veld, dan is dat enerzijds een onmogelijke houding en kan de bal anderzijds nooit compleet onder de zool komen. Hij springt oncontroleerbaar terug en, om de fout te doen afleren, uitgerekend naar een tegenstander. De schoen moet daarentegen, heel licht hellend, met de hiel als laagste punt, dienstdoen als een klem. We vangen de bal in dit gemaakte hokje. Hou voet nummer twee achteraf bij wijze van reserve. Dat daarmee een slecht afstoppen ooit goedgemaakt kan worden is weliswaar twijfelachtig, maar je kunt niet weten. Een doorglissende bal vraagt veelal een te snelle reactie van de speler. Het lukt *niet* de bal vast te klemmen als de voet schuin gehouden wordt. Hij hobbelt dan óf over de schoen heen óf hij glijdt onder de zool door. Dit laatste ligt nogal voor de hand, want de hiel zweeft nutteloos naast in plaats van achter de bal. Het vanghokje heeft geen achtermuurtje.

Direct maar een variatie op deze afstop-manoeuvre. Het spel moet nu eenmaal zo interessant mogelijk gemaakt worden en het léént zich er zo goed voor. We gaan ons wagen aan een schijnbeweging. De bal komt, zoals zo-even, recht op ons af. Het linkerbeen staat iets naar voren, kennelijk in de houding om het leer af te stoppen. De tegenstander is daarop compleet ingesteld, heeft al uitgerekend wat er direct zal gebeuren en maakt zich met een spottend lachje klaar voor zijn tegenactie. Dat lachen zullen we hem wel even afleren.

We doen het zo. Op het laatste moment, de bal is al vlak bij je, ga je staan op het linkerbeen. Je haalt razendsnel (foto 9) het lichaam over naar rechts en speelt de bal direct met de *buitenkant* van je rechtervoet langs de linkerkant van dat manneke. Hij lacht niet meer. Zijn onsportieve grijns maakt plaats voor verbijstering. Hij bijt van nijd op zijn lip, want hij is ertussen genomen. Hij is een geslagen man en een uitgeschakelde tegenstander. Hij heeft een lesje gehad.

Zo zie je maar weer de waarde van de buitenkant van die voetbalschoen. Gebruik hem goed. Voor het gewone werk én voor de afleidingsmanoeuvres.

LES 7 *Breng de bal ook eens onder controle met het... zitvlak*

Tot de lichaamsdelen die gebruikt kunnen worden om een uit de lucht vallende bal tot rede te brengen, behoort het... zitvlak. Laat het je niet al te zeer verwonderen. Dáár zit namelijk een best stuk menselijk vlees en vlees geeft zo lekker mee. En... laat je lichaam meedoen!

Over onze vorige afstopbeweging, waarbij de voet op de bal werd gezet, moet nog iets gezegd worden. Dit: druk niet té hard. Enkels zijn maar tere gewrichten. Een voetballer verzwikt ze vrij gauw. En wie een 'enkeltje' oploopt komt er aanzienlijk minder snel af dan aan. Wees zuinig op deze verbindingen tussen voet en onderbeen, óók als de recht op je toe lopende bal 'gedrukt' moet worden.

Wat kunnen we doen om een bal, die niet precies in onze richting, maar wel in onze nabijheid belandt, onder controle te krijgen? Laten we aannemen dat het leer je dreigt te passeren twee meter naast het rechterbeen. Dan is er nog maar één mogelijkheid om de bal te veroveren: schuif uit dat rechterbeen, strek het van de heup tot het puntje van je grote teen. De voet, schuin gehouden, zweeft enkele centimeters boven de grond. Het 'gat' tussen het veld en de schoen is bij een goede uitvoering dermate bescheiden, dat een drietje – een welpenbal – er niet doorheen kan. Laat staan een grotemensenbal, een vijfje.

Kijk maar naar foto 10, die je laat zien hoe ik dit varkentje pleeg te wassen.

Maar die bal springt toch terug...! Onzin! Dat behoeft niet te gebeuren en gebeurt ook beslist niet, wanneer je je voet laat mééveren, wanneer je méégeeft. De voet gaat met de bal, die dat vraagt, achteruit. Geef in dit geval het 'vriendje' echt maar zijn zin. Uit dankbaarheid voor de verleende medewerking blijft hij stil bij je voet liggen. Je kunt er, na snel op beide benen te zijn gaan staan, weer alles mee doen.

Door de lucht gespeelde ballen laten zich veel moeilijker bedwingen. Vandaar: hou dat stuk leer toch laag! Gelukkig zijn er verschillende mogelijkheden waaruit we van geval tot geval een keuze kunnen doen. Ze vragen echter allemaal een sterke technische ontwikkeling van de speler en, zeer in het bijzonder, feeling. Hij moet aanvoelen wat hij in de enkele seconden die hij toegemeten krijgt, te doen heeft. De positie van de tegenstander is daarbij van meer dan gewone betekenis.

Manier nummer één: steek het been uit, zoals een verkeersagent zijn arm, en laat de bal heel rustig op de binnenkant van de schoen vallen. Het been moet weer meegeven. Maak de spieren dus los en draai het been de kant uit die de bal zelf wenst. Hij doet wel wat zijn 'bestuurder' van hem vraagt, zolang die brave voetballer maar meewerkt.

Manier nummer twee: laat de bal stuiten tegen de schenen. Beide benen staan dicht naast elkaar. De knieën zijn doorgebogen en het lichaam hangt voorover. De schenen kunnen echter *alleen* als remmen dienstdoen als de bal al een keer op de grond is geweest en dus vaart verloren heeft. Hij ketst na de botsing met de harde beenderen toch nog vrij ver van je af. Na een snelle start, waarvoor de aangenomen lichaamshouding zich toevallig leent, is het nog wel mogelijk de bal onder absolute controle te krijgen.

Misschien is het overbodig dit eraan toe te voegen, maar ik doe het veiligheidshalve: waag je niet aan deze manoeuvre wanneer een tegenstander in de buurt zweeft. Hij zou je slechts dankbaar kunnen zijn voor de verleende bemiddeling.

En dan methode nummer drie – de leukste: die, waarbij het zitvlak als opvangkussen wordt gebruikt.

Het is weer een verrassende wending. Je staat met het gezicht naar de bal toe wanneer die na een vlucht op de grond stuit. Het zou mogelijk zijn hem op normale wijze aan je wil te onderwerpen. Helaas, daar staat alweer een tegenstander en het gevaar dreigt dat hem de bal voor de voeten wordt gespeeld. Datgene wat hij – gezien de stand van onze voeten – verwacht, heeft geen zin. We kunnen hem alleen uit het veld slaan met een vreemde manoeuvre.

Daar gaan we.

Op het laatste ogenblik schuif je de hakken van beide voeten opzij. Naar links bijvoorbeeld. Het bovenlichaam draait een kwartslag om. Het zitvlak komt naar voren en vangt de naderende bal keurig op. (Foto 11 laat de lichaamshouding zien.) Het resultaat van deze wending is steeds weer prima. De bal springt niet ver weg, laat zich onmiddellijk bedwingen en de verraste tegenstander weet niet terstond wat hij ertegenover moet stellen. De tijd die hij nodig heeft om zich te herstellen, gebruiken wij om een aanval te lanceren.

LES 8 *Afstoppen met de wreef, in de maagstreek, op de borst, het dijbeen of op het voorhoofd*

Praktisch elk lichaamsdeel kan waarschijnlijk wel worden gebruikt om een uit de lucht komende of hoog toegespeelde bal te onderscheppen. Probeer het toch maar niet met je... neus. Neem liever de wreef van je voet, de maagstreek, de borst, een dijbeen of het voorhoofd. Die kunnen er, zo heb ik in mijn eigen loopbaan als voetballer aan den lijve ondervonden, tegen.

De *wreef* is prachtig geschikt voor een bal die in volle vlucht op je afkomt. Het is voor een voetballer-atleet ook geen moeilijke opgave om met dit deel van de voet het leer willoos te maken. Je strekt naast of voor het lichaam de voet naar boven, laat de bal op de wreef vallen en trekt dan de voet naar je toe. Als je het helemaal goed doet ligt de bal voorlopig op de wreef! Niemand mag echter teleurgesteld zijn wanneer hij dat pas na jaren oefenen bereikt. Want afwerking op deze wijze, waarbij de bal met een touwtje aan de schoen schijnt vast te zitten, is nog steeds een kunst.

Afstoppen in de *maagstreek* (manier nummer vijf) is daarentegen géén toer. Zie maar op foto 12.

De knieën zijn licht gebogen. Beide armen hangen zijwaarts. Hoofd en bovenlichaam komen naar voren. Je maakt eigenlijk een kuiltje, waarin de bal zich kan nestelen. En weer: méégeven! Zet de maag vooral niet uit. Maak er geen dijk van. Dat zou precies verkeerd zijn en narigheid verwekken. Inhalen, toegeven – het is duizend keer beter en heeft nooit onaangename gevolgen.

Een hoge bal die onbereikbaar is voor de voeten, vangen goede voetballers bij voorkeur op hun *borst* op (manier nummer zes). Daar is dit deel van het bovenlichaam, naar men zegt, voor gebouwd. Hard is het in elk geval. Het zou een stuk graniet kunnen zijn. Daardoor dreigt evenwel het gevaar dat de bal onmiddellijk en te ver terugspringt. Er is weer een middeltje tegen: geen verzet plegen, in elkaar krimpen en een beetje meegeven. Probeer het en ervaar dat de bal als een zoutzak voor je voeten blijft liggen.

Manier nummer zeven: laat de bal stuiten op je *dijbeen*. Het enige wat je te doen staat is dit vlezige beendeel zo te houden, dat de bal er inderdaad tegenaan kan komen. Breng het dijbeen dus in de baan die het leer volgt. Bijzonder simpel.

Maar... wees op je hoede. De bal zal, ondanks het mogelijke offer van een blauwe plek, toch niet voor jou zijn wanneer je het (dij)been stijf houdt. Hij keert in dat geval weer even hard terug als hij gekomen is. Zoals de gast, die niet welkom ontvangen wordt. Hou dat dijbeen toch los. Trek de spieren niet bij elkaar. Integendeel, maak er een kussentje van waarop de bal zich heerlijk thuisvoelt. Hij blijft dan beslist in de buurt van je voeten, die hem naar een teamgenoot van je moeten dirigeren.

Ineenkrimpen, meegeven – het is ook een eerste vereiste als je het *voorhoofd* wilt benutten om de bal in je bezit te krijgen. Wie met z'n hoofd een bal wenst door te spelen, te koppen dus, moet tegen die bal in gaan. Hier, nu het erom gaat het leer in zijn vaart te belemmeren, hebben we niets aan een dergelijke activiteit. Het harde hoofd mag geen dienstdoen als tussenstation. Het is eindstation. De bal moet er blijven om direct speelklaar te zijn voor de zuivere pass naar een medespeler. Dit bereik je door in elkaar te zakken, door mee te geven, zoals ik dat op foto nummer 13 tracht voor te doen. De bal blijft, omdat je je hoofd niet gebruikt als een muur maar als kussen.

LES 9 *Rondjes lopen? Akkoord, maar dan mét de bal*

Met elke tak van sport is het precies hetzelfde: hoe meer je speelt, des te beter ga je het doen. Atleten worden slechts sneller als zij hun sport onderhouden. Boksers doen in wedstrijden ervaring op, waarvan zij – als zij hun ogen de kost geven – de volgende malen profijt kunnen trekken. Biljarters krijgen het gevoel in de handen en de macht over het ivoor na veel partijen te hebben gespeeld en na honderden uren van oefening. De meeste voetballers ontbreekt dat gevoel. Misschien is dit wel de schuld van de training.

In ons land lopen tal van oefenmeesters rond, die bij het samenstellen van hun oefeningen vooral denken aan de conditie van hun leerlingen. Voor hen is die conditie nummer één en de balbehandeling nummer twee.

Een goede lichamelijke conditie is van veel belang. Ik pas er wel voor op om dit te ontkennen. Voetballers moeten volkomen fit zijn. (Daarom drink ik geen alcohol en rook ik heel matig!) Maar zou men hetzelfde resultaat niet bereiken, wanneer het bevorderen van de conditie gekoppeld werd aan opvoering van de technische kwaliteiten, de balbehandeling in het bijzonder?

Bij vrijwel geen clubtraining kan men komen of men ziet de jongens rondjes lopen. 'Worden ze lekker fit van, krijgen ze uithoudingsvermogen door,' wordt beweerd. Het zal wel zo zijn. Mogelijk vinden jongeren het nog leuk ook, maar voor ouderen is dat gedraai om het veld heen een plaag. Ik persoonlijk heb een afschuwelijke hekel aan dat klakkeloze rondjes lopen. En het kan zoveel aantrekkelijker en nuttiger worden gemaakt. Geef de trainende jongens toch een bal mee! Laat ze rond het veld gaan met een bal aan hun voeten! Op die manier slaat de leider twee vliegen in één klap. Hij schept uithoudingsvermogen – ze draaien immers hun rondjes toch! – en hij kweekt gevoel voor de wispelturigheden van de bal bij zijn pupillen. Er is, dacht ik, alles voor en niets tegen, mede omdat training-met-de-bal te allen tijde meer belangstelling zal trekken dan het niet interessante, afstompende rondjes lopen. Daarbij staat het zo vast als een huis dat voetballers die er na één omloopzonder-bal de brui aan plegen te geven, mét de bal tot tien rondjes bereid zijn. Zij worden fitter dan ooit tevoren én worden vaardig in het behandelen van de bal.

Heus, laat men het nooit vergeten, van het oefenen met

de bal moet het komen. Al het andere, dat de bedoeling heeft de lichamelijke conditie, het weerstands- en het uithoudingsvermogen op te voeren, is heel erg nuttig, maar mag nooit een overheersende rol spelen.

Oefenen! En proberen naast het gewone eens iets anders te doen. Tot het 'gewone' behoort de oefening die twee spelers met één bal in het veld brengt. De een is Jan, de andere heet toevallig Abe.

Abe speelt het leer steeds weer over de grond voor de voeten van zijn vriend, die opdracht heeft de bal *ineens* terug te plaatsen (foto 14). Abe wordt boos als Jan 'm eerst gaat stilleggen. Dat kan Jan in een wedstrijd ook lang niet altijd doen. Het kost elke keer seconden. Het is tempoverlies. Abe wordt nog kwader, wanneer Jan stil blijft staan wachten totdat de bal bij hem is. Jan moet toelopen, het leer tegemoetgaan. Dat is óók al weer tijdwinst. Elke meter die de bal minder heeft af te leggen, is gewonnen.

Abe, die tot nu toe op zijn plaats is blijven staan, gaat het Jan wat moeilijker maken. Hij gaat... zwerven. Hij wijkt uit naar links en rechts, zoekt steeds een andere positie en dwingt op deze manier zijn clubgenoot bovendien te kíjken. Jan moet nu niet alleen opletten waar hij de bal raakt, hij moet ook telkens opnieuw, vóórdat hij het leer heeft ontvangen, vaststellen waar zijn medespeler zich bevindt. *Vóórdat hij het leer heeft ontvangen!* Daar moet ik wel even een dikke streep onder zetten.

Nemen we maar weer een wedstrijdbeeld voor ogen. Jan heeft de bal in zijn bezit gekregen en moet nu gaan kijken wat hij er mee zal doen. Hij is niet de enige die kijkt. Zijn tegenstander kijkt mee, ziet in welke richting Jans hoofd gaat en weet in één oogopslag, voordat Jan gaat spelen, waar de bal naartoe zal gaan. De tegenspeler kan zich lekker instellen op de komende pass. Jan begint het, om dat te voorkomen, bij de oefening al anders te doen. Hij gaat er zich aan wennen de positie van zijn medespeler op te nemen terwijl de bal in zijn richting komt. Ten slotte doet hij het automatisch.

Het wordt bijna vervelend het te zeggen, toch kan er niet genoeg de nadruk op worden gelegd: deze zogenaamde kleinigheden maken het tempo van de wedstrijd en houden juist de verrassingen in.

LES 10 *Drijven – de bal gaat vanzelf met je mee*

'Een verrassend doelpunt. Hersenwerk!' Dit stond in de kranten te lezen na een van mijn goals in de befaamde wedstrijd van het Nederlands elftal tegen Zwitserland, die ons in september van 1947 een prachtige 6-2-overwinning opleverde. Tussen haakjes: het was een van de mooiste interlandwedstrijden uit mijn loopbaan.

Met het doelpunt – tenslotte nogal eenvoudig – ging het zo. Op het middenveld kwam de bal in mijn bezit. Ik dreef hem met korte passen naar voren en zorgde er wel voor dat het leer niet te ver vooruitsprong. Geen enkele Zwitser scheen er behoefte aan te hebben mij aan te vallen.

Het 'waarom' werd me duidelijk toen ik al oplopende de situatie overzag. Midvoor Faas Wilkes en rechtsbinnen Kees Rijvers zouden na één stapje voorwaarts van de 'grendelende' backs buitenspel staan. En de Zwitsers rekenden er kennelijk op dat ik de bal aan Faas of Kees zou afgeven. De Helvetiërs rekenden verkeerd. Nu de papieren zo lagen kon ik maar één ding doen: de bal bij me houden, een paar tegenstanders passeren en zelf, van een meter of achttien afstand, hard in de hoek schieten. Het werd een doelpunt, omdat ook de keeper helemaal niet aan een schot had gedacht.

Hersenwerk? Ten dele waarschijnlijk wel. Voor ten minste een even groot deel was deze goal echter te danken aan de omstandigheid dat ik heb geleerd de bal te *drijven*. Anders gezegd: te dribbelen. (Engelsen noemen dat: to dribble.)

Drijven met de bal is een gewichtig onderdeel van de technische vaardigheid. Eénbenigen doen het met de binnenkant van de rechter- of de linkervoet. Beslist onvoldoende! De tegenstander kan de bal heel gemakkelijk afpakken. Het moet anders: doe het afwisselend met de *binnen-* én de *buitenkant* van de schoen. Nog veel beter, veel verrassender – en pas helemaal goed – is *beide* voeten te gebruiken en ook dan binnenkant en buitenkant. In dat geval heeft de tegenpartij er géén vat op. Tijdens het drijven (links, rechts, buitenkant, binnenkant, binnenkant, buitenkant) moet je de positie van de eigen spelers en van de tegenstanders opnemen. Dit lukt alleen als je *niet* dribbelt met het hoofd naar beneden. De ogen zijn ervoor om over het veld te kijken (foto 15). Maak je toch geen zorgen over de bal! Die loopt vanzelf aan je schoen mee. Wie dit niet gelooft en toch om de haverklap kijkt of hij er nog wel is heeft geen zelfvertrouwen en kan eigenlijk veel beter zijn schoenen aan de kapstok hangen. Heus, die bal gaat *altijd* met je mee. Hij laat je niet in de steek.

Er is nóg een reden om niet naar de bal te kijken: je verraadt er maar door wat je zult gaan doen. En wat heeft een tegenstander met jouw plannen te maken? Niets. Laat hem toch in het onzekere.

Elke kalklijn op het veld is prima geschikt om de bal erlangs te drijven. De outlijn bijvoorbeeld. Loop er een keer of vier langs met de bal aan je voeten. Het komt meteen je lichamelijke conditie ten goede. Hou de bal óp de lijn. Hij mag er niet naast gaan. Als dat wel gebeurt stuur je niet correct.

Neem na die outlijn de middencirkel. Ik doe het voor op foto nummer 16.

Tot nu toe deed je het waarschijnlijk fout. Je speelde de bal altijd te ver voor je uit. Je moest twee, drie stappen doen om er weer bij te komen, om hem... in te halen. Je dient echter na elke stap de bal te spelen. Hij moet als het ware aan je voet vastgekleefd blijven. Zorg je hiervoor, dan hou je de bal absoluut onder controle.

Op foto 17 zie je me de bal drijven rond paaltjes in de grond. Misschien is er in jouw woonplaats wel een pleintje met veel, dicht bij elkaar staande bomen. Ze zijn even goed als paaltjes! Paaltje nummer één passeer ik rechts, paaltje twee links enzovoort, steeds afwisselend. Ik speel de bal ook afwisselend met de linker- en de rechterschoen en bovendien de ene keer met de buitenkant en de andere keer met de binnenkant van de schoen. Je raakt de bal in het midden. Als je het lager doet springt hij op. Weg controle. En de voet is *niet* gestrekt. Let goed op de stand van de schoen. Het lichaam blijft boven de bal. Ga vooral niet achteroverhangen, want dan doe je het toch weer fout.

Wie in zijn jonge jaren op deze wijze heeft leren drijven kan ten slotte een even verrassend doelpunt maken als ik tegen de Zwitsers heb gedaan. En wie wil dat niet?

LES 11 *Achtjes draaien met de bal aan je voet én een schijnbe-weging*

De dribbelpaaltjes blijven nog even op het veld staan. Ze zijn prima geschikt om, rond ze wandelende, te leren de bal te sturen met alle delen van de schoen. Daar komt nog wat bij: we kunnen die stukken hout zien als... tegenstanders. Dat ze niets terugdoen is een plezierige omstandigheid. Levende tegenstanders komen we nog vaak genoeg tegen.

Daar ga je weer. Het eerste paaltje passeer je rechts, het tweede paaltje links. Simpel, dacht ik. Even begrijpelijk is, dat je begint de bal met de *binnenkant* schoen te spelen. Dat is nu eenmaal de gemakkelijkste manier. Kun je alleen rechts schieten? Dan mag je het de eerste keer met die goe-de voet doen. En nog een keer. Zo, nu heb je tenminste een beetje gevoel in de benen gekregen. Maar dan is het ook af-gelopen. Die eenbenigheid moet er maar eens uit.

Je wilde toch een *goede* voetballer worden? Welnu, een beetje behoorlijke speler trapt éven sterk met beide voeten. Voor hem die de hoop koestert ooit nog eens in een semi-profclub terecht te komen, is dit noodzaak. Maar ook de tienduizenden amateurs zullen veel meer plezier van hun sport beleven als ze de bal met beide voeten kunnen behan-delen.

Je gaat opnieuw langs die paaltjes. Je passeert ze rechts, links, rechts, links en speelt nu de bal met de *binnenkant* van de 'slechte', de linkervoet. Zet voor eens en voor altijd uit je hoofd dat je het zo niet kunt. Eenvoudig omdat je het wél kunt. Alleen: je moet je ertoe dwingen. Trek gerust je rechterschoen en desnoods je kous uit. Je past er wel voor om met de blote voet tegen de bal te trappen. Automatisch schiet je dan met het 'slechte' been.

Ben je eenmaal zo ver dat je zelf gelooft links en rechts te kunnen trappen, dan gebruik je beide benen om de bal dicht langs de paaltjes te brengen. Je plaatst de bal van de ene voet op de andere. Met korte tikjes! Het leer mag geen halve meter bij je vandaan lopen. Het moet aan je schoenen blijven vastkleven. Vooral ook om die reden buig je je over de bal heen.

Geloof niet te snel dit 'heel eenvoudige' werk onder de knie te hebben. Het is namelijk helemaal niet zo eenvoudig als het wel lijkt. Bovendien, wanneer je niet in staat bent de bal op deze wijze te drijven behoef je beslist niet te beginnen aan de volgende moeilijker oefening.

In plaats van met de binnenkant schoen drijf je nu de bal vlak voor je uit met het 'gouden' stukje leer, dat aan de *buitenkant* zit. Begin maar weer de bal te spelen met je sterke voet. Daarna precies hetzelfde met die zogenaamde 'slechte' voet, die overigens alleen maar zwak was omdat je dit ten onrechte dacht. Let op: hou de bal aan je schoen vast, laat 'm niet weglopen. Even raken is meer dan genoeg. En het lichaam blijft licht voorovergebogen.

We gaan het andermaal afwisselen: links, rechts, links, rechts, maar toch steeds met de buitenkant van de schoen. Beide voeten zijn dus ingeschakeld bij het 'voeren' van de paaltjes, dan wel de tegenstanders, die achter elkaar gepasseerd moeten worden. Het betekent dat we het ons gemakkelijker maken en die tegenstanders lastiger. Zij moeten, nu we met allebei de voeten kunnen spelen, maar afwachten welke we zullen gebruiken op het beslissende ogenblik. Vijftig procent kans dat ze mistasten. Omdat we met de *buitenkant* voet plaatsen hebben ze nog minder houvast. Als ze het dóórhebben doen we nog iets anders: we trekken de bal bijvoorbeeld even terug. Hoe, vertel ik in een volgende les.

Wat anders: achtjes draaien rond die paaltjes! Het kan. De tekenaar heeft het op papier gezet. Je volgt het lijntje maar dat door hem is uitgestippeld. Het startpunt voor deze oefening, die ook al bedoeld is om de vriendschap met de bal completer te maken, ligt tussen het eerste en het tweede paaltje. Je staat met het gezicht naar paaltje nummer één toe, speelt de bal met de binnenkant van de rechtervoet rechts erlangs, cirkelt eromheen en komt op het uitgangspunt terug. Dat is de helft van het achtje. Nu de kop er nog op. Je steekt schuin over, draait – van jouw plaats gezien – links om paaltje twee heen, maakt een hele cirkel en gaat meteen door naar paaltje drie, dat je na een oversteek rechts passeert. Na vier paaltjes heb je al twee achtjes gedraaid! Behalve met de binnenkant schoen moet je deze schakelmanoeuvre beslist trachten te volbrengen met de beroemde buitenkant én met beide voeten.

Een oefening met twee man, waarbij acht of negen paaltjes achter elkaar zijn geplant, leert ons al combinerende tegenstanders te passeren.

De spelers (A en B) staan elk aan de buitenkant van het eerste paaltje opgesteld. A speelt de bal over de grond met de binnenkant schoen precies tussen de twee paaltjes door naar B. Hij doet het zo nauwkeurig, dat de tegenstanders – die de paaltjes in onze gedachten zijn – er net niet bij kunnen en zo, dat B de bal krijgt op een plaats vanwaar het hem mogelijk is de bal even zuiver tussen de paaltjes twee en drie door naar A te retourneren. A en B moeten beiden de bal *ineens* spelen. Voor stilleggen is geen tijd, omdat we

– zoals altijd – een hoog tempo willen bereiken.

Nu de paaltjes toch nog in de buurt zijn leer ik je in dezelfde vaart een schijnbeweging. Het is er een uit de oude doos. Een heel enkele keer, bij niet te slimme tegenstanders, is er echter nog wel wat mee te bereiken.

Het komt hierop neer: de bal langs de ene kant van de tegenstander spelen, de schijn wekken er zelf achteraan te zullen gaan, maar in werkelijkheid langs de andere kant van de man sprinten.

Op foto 18 doe ik het voor. Je speelt de bal met de binnenkant rechterschoen langs de kant van het paaltje die voor jou rechts is. Het lichaam helt even mee naar die kant. Plotseling haal je het gewicht echter over op de andere voet en passeer je de tegenstander langs diens andere zij. Tegen dit trucje is maar één bezwaar: de meeste spelers hebben het door en zijn dan in het voordeel, omdat zij tussen man en bal staan. Toch kun je ze misschien in het ongewisse brengen door er een 'dubbele' van te maken, door beide manoeuvres alleen in schijn uit te voeren. Doe alsof je de bal langs hun linkervoet wil spelen, maak direct een schouderbeweging naar de andere kant en loop dan met de bal alsnog langs die linkervoet!

LES 12 *Al ben je nog zo klein – je kunt beter koppen dan de langste man*

Kees Krijgh, de spil van het Bossche BVV, is maar een kleine man. Hij is nog korter dan ik. Toch heeft hij, als er gekopt moet worden, praktisch elke bal. Hij weet precies wanneer hij de lucht in moet springen om het leer goed te kunnen raken.

Krijgh is een meester in het 'timen' en heeft daardoor zelfs een voorsprong op tegenstanders van het lengteformaat Lagendaal. Het is een reden temeer om, wanneer men tegenover een manneke als deze Bosschenaar staat, de bal *niet* door de lucht te spelen.

De Belgen hebben dat jaren geleden in een landenwedstrijd tegen Nederland drommels goed doorgehad. Zij wisten in kopduels geen kans te hebben en speelden, nadat Krijgh als invaller bij Oranje op de spilplaats was gekomen, het leer telkens weer over de grond. Dankzij die weldoordachte tactiek (én de fabelachtige techniek van Rik Coppens) versloegen zij het Nederlands elftal met groot verschil. In honderden andere wedstrijden was de kleine stopper Krijgh echter de grote man. Dankzij zijn kwaliteiten als kopper!

Elke voetballer moet goed kunnen koppen. Achterspelers en kanthalfs om aanvallen te kunnen onderscheppen, voorhoedespelers om aanvallen in... doelpunten om te zetten.

Wat zijn de geheimen van dit spelonderdeel? Er zijn er nogal wat. Laat ik er voorlopig drie geven:

Ten eerste is koppen een kwestie van goed 'timen'; ten tweede moet je onder alle omstandigheden de bal met het *voorhoofd* spelen en ten derde dien je altijd beide ogen open te houden.

Over dat 'timen' ben ik heel gauw uitgepraat. Je kunt het of je kunt het niet. Het is niets anders dan op tijd (time) in de lucht 'klimmen'. Niemand is in staat je precies te vertellen *wanneer* je moet ópspringen. Er is maar één goed moment en dat dien je zelf, in de praktijk, vast te stellen. Het is een kwestie van aanvoelen. Wie een onderdeel van een seconde te vroeg springt is alweer terug op de grond als de bal op hem afkomt. En die bal gaat dan hoogst onplezierig over hem heen. Wie het te laat doet raakt even ver van huis.

Dat springen – hoe doe je dat? Ga je soms met beide benen tegelijk van de grond? Zozo. Wat dom toch. Want dan kom je niet erg hoog. Stel je voor dat een hoogspringer ging proberen zich met beide voeten af te zetten. Hij kon net zo goed thuis blijven. Die hoogspringer zet met één voet af en zwaait het andere been vast omhoog. Dát is de manier van 'klimmen', óók voor een voetballer. Omdat die kleine Krijgh dit zo voortreffelijk doet is hij zelfs de langste tegenstanders de baas.

Het is merkwaardig, maar van elke tien voetballers gebruiken er nog altijd vijf (!) dat deel van het hoofd waar mijn kuif begint. Fout! Het gevolg is, dat zij *a.* de bal niet kunnen zien op het moment dat zij toeslaan, *b.* de bal niet kunnen plaatsen en *c.* die bal nooit onder controle kunnen krijgen. Koppen met de behaarde schedel heeft geen zin. Het staat gelijk met een schot in het wilde weg. Neem maar van mij aan dat de bal na een beweging van dit hoofddeel nooit goed weg is. Helemaal goed is slechts koppen met het voorhoofd. Dat is ook duidelijk, want alleen het voorhoofd heeft een vrij groot vlak. En zo'n vlak heb je nodig om te kunnen plaatsen. Het is precies hetzelfde als met schieten. Om dat zuiver te kunnen doen gebruiken we ook niet een klein stukje van de schoen, maar óf de volle binnenkant óf de volle wreef. Zuiver koppen doe je ook alleen met het 'volle' voorhoofd.

Nu de houding van het lichaam. Als je gewoon rechtop blijft staan maak je goede kans hoofdpijn te krijgen. Die laat zich beteren – na de wedstrijd althans – maar wat met de bal gebeurt laat zich niet meer corrigeren. De bal is weggestuit naar een afwachtende tegenstander.

Je kunt alleen iets doen met die hoge bal – en dat was de bedoeling – wanneer je, als het leer op je afkomt, het bovenlichaam achteroverbrengt. Je geeft even mee om in feite harder te kunnen terugslaan. Want op het moment dat de bal tegen je hoofd zal komen, haal je het bovenlichaam krachtig naar voren. Je zet je volle gewicht erachter en stóót de bal meters weg, precies naar de plek die je gedacht had (foto 19). En: hou die ogen open! Er gebeurt écht niets. Je moet toch zien op welk moment je dient toe te slaan, waar je medespeler staat (hij kan die ene seconde wel gebruikt hebben om een betere positie te krijgen) en wat er met de bal gebeurt. Met gesloten ogen hou je geen controle over de bal en gaat een deel van de gebeurtenissen op het veld voor je verloren. Je raakt waarschijnlijk zelfs even uit je spel en dat is het vervelendste wat een voetballer kan overkomen.

LES 13 *Klim boven de bal uit en kop omlaag, precies onder de lat*

Daar komt een prachtige voorzet van de rechtsbuiten. Hoog zweeft de bal voor het doel. Onze midvoor staat vlak bij de keeper. Hij heeft een unieke kans om te scoren, springt omhoog en kopt... Mis! Over de lat! Geen doelpunt. Tjonge, tjonge, hoe kon hij die kans missen...

Ik hoor het de radioreporter al zeggen. Morgen staat natuurlijk in de kranten dat de man die deze schone kans om het Nederlands elftal aan een doelpunt te helpen miste,

toch eigenlijk zijn plaats niet waard was. Hoe kon de keuzecommissie hem opstellen?

Ik geef het de verslaggevers te doen om zulke kansen
wél te benutten. Die kansen zijn trouwens aanzienlijk minder uniek dan men in het algemeen denkt. Het zijn daarentegen wel de moeilijkste kansen die men zich maar kan
voorstellen.

Dit is de spelsituatie: de bal, voorgezet door de buitenspeler, komt vrij hoog voor het doel en dreigt over te gaan; de
midvoor springt op om erbij te kunnen; hij neemt het leer
in de vlucht op zijn voorhoofd en de bal gaat over...

Wat deed die 'falende' aanvalsleider nu verkeerd? Hij
maakte eigenlijk twee fouten: hij sprong niet hoog genoeg
en stootte de bal in plaats van hem neer te slaan. Situaties
als deze vragen een enorme beheersing van de speler. Hij
mag niet zo-maar-wat-doen. Hij moet het bekijken. Hij
moet weten dat de bal in plaats van omhoog (in dit geval
nóg hoger en over de lat) omlaag moet komen en toch zo
hard, dat de keeper geen gelegenheid krijgt er een vinger
tussen te steken.

Hoe bereik je dat de bal naar beneden gaat? Door zó
hoog te klimmen dat je voorhoofd ten dele bóven de bal
komt. Het lichaam is – ter wille van de kracht die achter
het leer moet komen – weer achterovergegaan. Razendsnel
kwam het recht naar voren toen we moesten stoten. Nu
komt het lichaam weer snel naar voren, maar krijgt het de
vorm van een halve hoepel, terwijl het hoofd in dit geval de
beweging maakt als bij een jaknik.

Die knik is echter aanzienlijk feller dan normaal. Het
voorhoofd komt dieper omlaag, slaat nijdig en hard toe
(foto 20). Zo wordt de bal gedwongen in een geheel ande-

re richting te gaan dan hij wilde. We slaan hem in schuine richting neer, vlak onder de lat door. De keeper komt er nooit van zijn leven bij!

De oefening met de beroemde galg (een paal met dwarslat en een touw plus bal) biedt de mogelijkheid om deze vorm van koppen 'onder het voorhoofd' te krijgen.

Laat de bal maar slingeren aan het stuk touw. Hoe hij ook naar je toe komt, je kopt 'm en steeds zo, dat die bal omlaaggaat. Denk nog even aan het opspringen. Met één voet afzetten en niet met twee. En kijk wat er met de bal gebeurt. 't Is het halve kopwerk!

Met nadruk zei ik in de vorige les: je moet onder alle omstandigheden met het voorhoofd koppen. Ik kan me voorstellen dat iemand nu vraagt: 'Maar hoe krijg ik de bal dan zijwaarts?' Wee degene die zelf het antwoord op de volgende manier invult: 'Dan moet ik hem toch zeker met de zijkant van het hoofd spelen...' Het is namelijk zo fout als maar kan. Luister: er is geen enkele reden om ooit met de zijkant van het hoofd te koppen. Het kan nooit goed gebeuren. Daar zit geen stootvlak en dus kun je met dit gedeelte van het hoofd nooit behoorlijk sturen. Ook wanneer de bal opzij moet worden gekopt, doe je dit met het voorhoofd. Kan dat niet? Sta je er niet goed voor? Je staat altijd goed, omdat je het bovenlichaam kunt draaien. Je kunt de romp en het hoofd brengen in de richting die de bal moet gaan. In enkele gevallen is het zelfs voldoende om alleen het hoofd te draaien en op die manier het voorhoofd in de koprichting achter de bal te brengen.

Om de regel (altijd je voorhoofd gebruiken) te bevestigen is er één... uitzondering op. Je mag de bal wel eens met het

kruintje van je hoofd spelen! Het is een soort schijnbeweging, waarmee je de tegenstander in de luren legt. Die man
staat achter je op het moment dat het leer door de lucht
naar je toe wordt gespeeld. Je hebt de kans om, ondanks
zijn hinderlijk duwen in je rug, de bal terug te koppen naar
een medespeler. Dan kies je echter de-weg-terug. Bovendien rekent de tegenstander hier half-en-half op. Maar omdat het je bedoeling is vóóruit te spelen en datgene te doen
wat hij niet verwacht, raak je de bal even – heel even maar
en niet hard – met het kruintje (foto 21). Je tikt de bal door,
óver de achter je opspringende tegenstander heen.

Officieel noemen ze dit: achteroverkoppen. Achterover
is juist, maar van koppen mag je nauwelijks spreken. Het
is meer achterwaarts doortikken, want het mag maar een
kort, bescheiden tikje zijn. Alleen dán voorkom je dat de
bal rechtstandig omhooggaat.

We koppen nog even door. Echt koppen. We laten de
bal doodgewoon... dansen op ons voorhoofd. Een leuke
oefening! Steeds maar kijken waar de bal naartoe loopt en
het hoofd er kalm onder zetten. Op foto 22 doe ik het voor.
Eén keer is het mij gelukt om de bal 664 keer te koppen
zonder dat hij op de grond kwam. Probeer het me na te
doen!

LES 14 *Je moet er wat van kunnen meenemen...*

Een van onze knappe cabaretiers pleegt te beweren: 'Je
moet er wat van kunnen méénemen...' Tot nu toe dacht hij
waarschijnlijk niet aan de voetballerij. Geheel kosteloos –
bij uitzondering overigens – verstrek ik Wim Kan bij dezen
de tip dat het ook op het voetbalveld de bedoeling is de bal

méé te nemen. Opdat je er wat van kunt méénemen, subsidiair: opdat je meer en sneller iets met de bal kunt doen. Meenemen is in de voetbalsport iets anders dan de bal in een boodschappentas doen. We krijgen geen kans om dat stuk leer te verbergen. Ik zie me op het veld al een poging doen om de bal in de tas van m'n vrouw te stoppen...

Meenemen is ook wat anders dan dribbelen ofwel drijven. Er zit zelfs een heel groot verschil tussen deze twee spelonderdelen. Drijven kun je alleen met een afgestopte bal, met een zogenaamde 'dood'-gemaakte bal.

Goed meenemen houdt evenwel in: de bal onder controle brengen *zonder* hem te stoppen of 'dood' te maken. Je neemt de bal pas goed mee als je door één snelle beweging de richting corrigeert, zodat je onmiddellijk kunt doorspelen.

Verscheidene malen heb ik er al op gewezen dat een hoog tempo erg belangrijk is. We moeten alles doen om dit te bevorderen. Met afstoppen en goedleggen gaat tijd verloren. Er zijn te veel voetbewegingen voor nodig. Soms kan het niet anders. Meestal is de situatie echter zo, dat het juist alleen maar gewenst is de bal vlot mee te nemen, het liefst nog in dezelfde vaart langs een tegenstander.

Een voorbeeld. Er komt een 'dalende' bal in de richting van de rechtsbuiten. Hij kan waarschijnlijk alleen maar rechts trappen. (Bij negen van de tien rechtsbuitenspelers is dat zo.) Hij moet het leer dus met z'n rechtervoet 'dood'maken. Zijn volgende handelingen zijn: het lichaam wenden, de bal opnieuw voor de 'goede' voet brengen. Dan pas is hij aan drijven (opbrengen) of schieten toe. Het kost alles bij elkaar een stijf kwartiertje, de vaart is uit de bal en uit het spel.

We gaan het anders en beter doen. Daar komt de bal weer van links in de richting van de rechtsbuiten, die met zijn gezicht naar het naderende 'vriendje' toe staat. Hij rust op het rechterbeen. Zijn lichaam hangt al wat over naar rechts omdat het de bedoeling is direct die kant op te lopen. De linkervoet zweeft in de lengte vlak boven het grasveld. De rechtsbuiten laat nu de bal tegen de binnenkant linkerschoen vallen, precies in de holte. Prompt loopt de bal weer van de schoen af in de gewenste richting vóór het rechterbeen. (Op dat moment knipte de fotograaf foto nummer 23.) De romp draait in één ruk achter de voet aan, een kwartslag om. De rechtsbuiten staat compleet achter de bal, heeft het leer op maat voor zijn sterke voet en kan terstond verder spelen. Slechts een minimum aan seconden is verloren gegaan. Ongeremd gaat het spel door.

Het is beslist niet de bedoeling om, op het moment dat de bal tegen de binnenkant schoen zal komen, de schoen er met volle kracht achter te zetten. Wanneer je dat wél doet springt de bal meters weg, buiten de kring die onder jouw controle staat. Je voet moet even meegeven. Volsta met de bal tegen de schoen te laten vallen. Hij houdt nog vaart genoeg voor de pass aan jezelf, de pass van je linker- naar je rechtervoet.

Maar wat moet die vleugelspeler – en elke andere speler trouwens – nu doen met een zijwaarts op borsthoogte toegespeelde bal? Ik heb weliswaar in een vorige les verteld hoe je in zo'n geval de snelheid kunt corrigeren door de bal op de borst te nemen, maar deze afstopmethode diende slechts om de vaart eruit te halen. Nu is daar geen enkele reden voor. Tenslotte zijn we in de aanval. Er is dus 'tempo! tempo!' geboden.

Ter afwisseling nemen we een naar binnen gezwenkte linksbuiten, die een vrij hoge pass van rechts krijgt. Om de bal te kunnen afstoppen zou hij recht voor het aankomende leer moeten gaan staan. Hij wil de van de zijkant komende bal echter meenemen, terstond verder spelen, vóór zich uit. Waarom ook niet? Zijn voeten staan al in die richting. Alleen de romp is ongeveer een kwartslag naar rechts gedraaid. Daar komt de bal (foto 24). Hij wordt opgevangen op het lichaam, ter hoogte van de borst. Meteen draait de romp een kwartslag naar links in de speelrichting.

De linksbuiten dwingt het leer door zijn snelle lichaamswending in de door hem bepaalde koers. Hij duwt de bal voor zich uit en kan er het volgende moment met de voet mee doen wat hij wil: op zijn slof nemen voor een schot op doel of een zuivere pass geven naar een medespeler. Meneer de speler moet er uiteraard ook in dit geval aan denken dat hij niet met paardenkracht tegen de bal mag duwen. Het leer moet op bereikbare afstand blijven, in zijn buurt. Hij dient de bal eigenlijk half af te stoppen en half te doen stuiten. Het komt er weer op aan de gulden middenweg te volgen.

En... armen thuishouden. De scheidsrechter fluit te graag voor hands!

LES 15 *Beentje over – de tegenstander komt er niet aan te pas*

Er zijn heel wat manieren om de bal mee te nemen zonder het tempo te vertragen. In de gauwigheid heb ik er acht geteld en nog eens even in de praktijk getest. Zelfs met een gescheurd dijbeenspiertje kon ik ze volbrengen. Dit moet de niet-geblesseerde voetballer toch wel de overtuiging geven dat ook hij ze – na de nodige oefening – aan zijn technisch arsenaal kan toevoegen.

Manier nummer drie – twee zijn er al behandeld in de vorige les – hoort thuis in de koffer van elke speler, maar toch wel heel in het bijzonder in die van de midvoor en zijn twee binnenspelers. Laat ik het maar even bij de midvoor houden.

Het kijken naar wedstrijden in de lagere klassen heeft me, tot mijn teleurstelling, geleerd dat veel aanvalsleiders zich volkomen verkeerd opstellen. Ze staan vrijwel altijd met de rug naar het vijandelijke doel toe. Zij moeten zich dus – als de bal in hun bezit komt – helemaal omdraaien, nog even de situatie overzien (niemand weet wat er achter hem gebeurt) en kunnen dan pas handelen. Dat hiermee een zee van tijd verloren gaat moeten ze toch wel ondervonden hebben.

Een midvoor dient zich zo op te stellen dat hij zonder veel draaierij de mensen van wie hij de bal kan verwachten (ze zijn naast en achter hem te vinden) én het vijandelijke doel kan zien. En dan is er maar één mogelijkheid: dwars gaan staan in de lengteas van het veld, met de ene zij naar het ene en de andere zij naar het andere doel (foto 25). Alleen bij die opstelling kun je de bal ook meenemen volgens recept drie.

De bal komt van een van de achterspelers. Probeer nu eens niet 'm af te stoppen. Laat de zakkende bal, hij is al op schouderhoogte, je passeren. Op het moment dat hij langs je gaat, komt de achterste voet naar voren. De romp draait bij en jij zit prachtig achter het leer. Een snelle reactie met een van de voeten: je drukt het voorste deel van de schoenzool op de bal. Meer dan 40 of 50 centimeter loopt de bal daarna niet weg, hij is geheel in je macht en blijft laag. Je hebt maar te kiezen wat je verder wenst te doen. Staat niemand van je medeaanvallers vrij of in een betere positie dan jij? Dan... schieten! Het is de kans van je leven op een prachtige dropkick met de volle wreef. Staat er een tegenstander in de weg, de spil zal vast wel in de buurt zijn, dan een bekeken passje naar de clubgenoot die er beter voorstaat. Buit in elk geval de tempowinst uit die je hebt behaald doordat je de bal tijdig en goed onder controle hebt gekregen. Laat dit voordeeltje niet verloren gaan door een aarzeling. Zet door!

Meenemen met het hoofd – manier nummer vier – heeft veel overeenkomst met wat je moet doen als je de bal met de borst onder controle wilt brengen. (Het voorhoofd gebruik je uiteraard alleen als de bal te hoog is voor andere lichaamsdelen.)

Ik neem maar weer een vleugelspeler, omdat het vooral voor hem zaak is te trachten een door de lucht toegespeelde bal in het veld te houden en zo snel onder controle te brengen dat hij een goede voorzet kan lanceren. Hij moet eveneens startklaar zijn voor de volgende handeling. Zijn voeten staan in de richting waaruit de bal komt. Als de bal het hoofd praktisch heeft bereikt draait de romp met de bal mee in de richting die de speler met het leer wenst te gaan, terwijl hij de voeten op de grond eveneens in die richting draait. Deze beweging kan een inleiding tot een doelpunt zijn. Ik heb in elk geval gezien dat een buitenspeler op deze manier de bal met het hoofd voor zich uit omlaagstootte, het leer op zijn schoen opving en hard inkogelde. Het was een zeer fraaie goal. De doelman zag de bal pas toen hij die uit het net haalde.

Manier nummer vijf: een combinatie van meenemen met de buitenkant schoen én een schijnbeweging. Zo'n fijn trekje, dat het voetbalspel interessant maakt voor spelers en kijkers. Je gaat de tegenstander een hak zetten. Er is alle kans dat zelfs meer tegenspelers van de wijs worden gebracht.

De bal komt weer van een van de zijkanten. Ik neem aan van links. Je stelt je op alsof je de bal zult gaan stoppen. Het hele lichaam komt dus in de baan van het toegespeelde leer. Is de bal vlak bij je, dan doe je echter plotseling met het linkerbeen een stapje vooruit in de richting van de toestormende tegenstander.

Ha! denkt dit manneke, hij komt naar me toe. De tegenstander stopt af en... komt er niet meer aan te pas. Hij is niet ingesteld op de volgende manoeuvre.

Het lichaam gaat rusten op dat linkerbeen. Het rechterbeen komt over. Je brengt de rechtervoet naast de bal, zodat het leer tegen de *buitenkant* schoen valt, en drukt dan de bal in de door jou gekozen richting. Het lichaam zwaait over naar rechts (kijk maar op foto 26), de rechtervoet zit achter de bal en jij bent klaar voor een sprint. Je kunt de bal voor je uit drijven en staat tussen de onthutste tegenstander en de bal, zodat die man definitief is uitgeschakeld.

Opnieuw heb je een duel gewonnen, doordat je het uit de weg bent gegaan.

LES 16 *De zool van je schoen is ten minste zilver waard*

Elke voetbalschoen heeft ook een... zool. De man die jaren geleden op het idee kwam om voor de voetballerij speciale schoenen te maken, heeft er beslist niet aan gedacht dat je met dit 'beslagen onderstuk' ook de bal zou kunnen spelen. De voetballers zelf hebben de zool ontdekt als nuttig speelmiddel.

Eén voorbeeld daarvan heb ik al gegeven, toen ik – in de vorige les – de midvoor en de binnenspelers aanried de uit de achterhoede komende bal langs zich te laten lopen en daarna met de schoenzool onder controle te brengen, zonder die bal af te stoppen.

Hier is nog zo'n geval, waarin je per se niet anders dan de buigzame zool van je schoen moet gebruiken om het leer mee te nemen. De bal komt recht op je af. Je hebt een vrij veld voor je en kunt het leer ongehinderd meteen spelen. Doen! Met het klakkeloze afstoppen gaat alleen maar tijd verloren. Je wacht niet af tot de bal bij je is – dat mag je trouwens nooit doen! – maar loopt hem tegemoet. De voet waarmee je de dribbel wilt beginnen of direct de bal naar een medespeler wilt plaatsen, komt naar voren. Het lichaam buigt zich ietwat voorover, ter wille van de sprint die moet volgen, en de voet vormt weer, als bij het afstoppen, een soort hokje-zonder-zijmuren doordat de hiel lager hangt dan de schoenpunt. Op het moment dat de bal ertegen komt, duwt de zool het leer licht weg (foto 27).

Het resultaat is, zoals je zult ervaren, voortreffelijk. De bal blijft op de grond en bij je – meer dan enkele decimeters loopt hij niet vooruit – en jij kunt onmiddellijk, met het leer aan je voet, beginnen aan een spurtje.

Het is zelfs mogelijk zo een doelpunt te maken!

Het meenemen van een bal die in de vlucht op je afkomt en je opzij dreigt te passeren, is een ander onderwerp. Je zou de bal kunnen afstoppen. Maar waarom zou je dat doen als er verschillende medespelers vrijstaan? Afstoppen, wat

de meesten nog steeds 'doodmaken' noemen, is slechts onder bepaalde omstandigheden gewenst. Velen moeten het
doen omdat ze niet anders kunnen. Degenen die mijn lessen góéd volgen en de oefeningen werkelijk trachten uit
te voeren, zullen echter na enige tijd geen enkele bal meer
behoeven af te stoppen. Zij winnen tijd (tempo) doordat ze
elke keer weer één of twee bewegingen minder behoeven
te maken.

Nu de bal op kniehoogte langs je dreigt te gaan stop je
hem ook niet af. Je hangt 'm weer aan het touwtje dat prima voetballers aan hun schoenen schijnen te hebben. Het
been zwaait naast het lichaam, in de richting van de bal,
met de binnenkant schoen naar voren en de hiel als laagste punt van de zwevende 'klem'. Je vangt de bal half op de
wreef op en geeft even mee door de schoen een tikkeltje
achterwaarts te trekken. Kijk, daar loopt de bal vlak voor je.
Hij ligt niet stil. Gelukkig niet. Er zit nog genoeg vaart in
om hem op de beste manier verder te transporteren. Hoe
je dat zult doen heb je al lang en breed uitgemaakt, omdat
je op het spel bent blijven letten. Deze manier mag je niet
toepassen als de bal vlak voor je op de grond stuit. Je kunt
zo alleen een bal meenemen die in de vlucht op je afkomt.

Een stuitende bal! Het is het mooiste wat er maar bestaat.
Als je die goed behandelt ben je een virtuoos, een voet-
balgoochelaar. En je kúnt bij een hoge bal, die vlak voor
je neerkomt, zo'n fantastische gecombineerde manoeuvre
(meenemen plus schijnbeweging) maken. Schuin voor je,
aan je linkerkant, staat een tegenstander. Hem breng je in
de waan de bal links te willen stoppen door het linkerbeen
even naar voren te zetten. Op het moment dat de bal de
grond raakt, komt echter het rechterbeen snel over (foto

28), waardoor je de bal met de buitenkant van de rechter-schoen kunt spelen. Je doet dat ook. Even duw je de bal op-zij. Maar... je bent er nog niet. Die tegenspeler staat nog altijd hoogst hinderlijk in de weg. Hem moet je kwijt. Het zal gebeuren. Je laat de bal gaan en draait zelf een hele slag rechtsom en ziedaar: je staat prachtig met je rechtervoet voor de bal. De tegenstander daarentegen heeft niets meer in te brengen. Hij is, in plaats van *voor* je, *achter* je komen te staan. Jij staat tussen hem en de bal en hij moet maar zien ooit nog een voet aan het leer te krijgen.

LES 17 *Zoek het zwakke been van je tegenstander en geef hem geen kans!*

Hoe moet ik nu een tegenstander passeren? Hoe zal ik die en die eens heerlijk in het ootje nemen? Over zulke vragen kun je voor een wedstrijd tegen een bepaalde tegenpartij dagen lopen te piekeren. Nachtmerries krijg je ervan, wanneer je van tevoren al weet dat je een zeker iemand tegen-over je krijgt wiens spel je niet zo goed ligt. Tot in bed zoek je naar de beste middelen om die tegenstander te bestrij-den.

Ik heb niet veel last van nachtmerries. Het interesseert me nooit zo erg wie de tegenpartij belast heeft met mijn bewaking. Veel profijt hebben de tegenstanders tot nu toe ook niet gehad van het 'schaduwen'. Zelfs de Duitse we-reldkampioenen, die Eckel opdracht hadden gegeven mij uit te schakelen, hebben er weinig prettige herinneringen aan overgehouden. Ik maakte tegen hen toch twee doel-punten. Eén ervan zie je op foto 29.

Moet een speler zich bij voorbaat druk maken over de

wijze waarop hij zijn tegenstander-van-morgen zal over-troeven? Ik dacht van niet. Het is goed zich op een gehe-le wedstrijd voor te bereiden, maar op de details kan men zich van tevoren niet instellen. Veel beter is te zorgen voor een koffer vol technische wapenen, zodat men hét middel bij de hand heeft dat zich in een bepaalde situatie het beste laat hanteren.

Hoe passeer je een tegenstander? Met die vraag ben ik be-gonnen. En daar is dan onmiddellijk iets wat van tevoren niet te bekijken is. Het hangt van zoveel af. Van de spelsi-tuatie, van de kracht van de tegenspeler en – dit is eigenlijk nog het allerbelangrijkste – van de capaciteiten van ónze man. Er zijn namelijk drie manieren om de bal langs een tegenstander te brengen. Deze: in combinatie, door een dribbel of met schijnbewegingen.

De combinatie ligt zo sterk voor de hand, dat het nau-welijks zin heeft er adviezen over te geven. In een van de lessen waarbij we de bal met twee man tussen paaltjes door speelden, heb ik er bovendien al het mijne van gezegd. De hoofdpunten waren: speel de bal met de *binnenkant* voet en steeds *ineens*, zonder hem af te stoppen.

Eén tip moet ik er nog aan toevoegen: speel de bal zo veel mogelijk langs het zwakke been van de tegenstander. Het is één van de eerste dingen waarop je in een wedstrijd moet letten. Zoek uit met welke voet de man die je moet bestrijden bij voorkeur schiet. Dan weet je tegelijk wat zijn 'goede' been is. Maak het hem de overige 88 minuten moeilijk door hem te passeren langs zijn andere been, zijn zwakke, kwetsbare zijde.

Nog iets over dit systeem van passeren: blijf alsjeblieft niet als een zoutpilaar staan nadat je de bal hebt afgegeven.

Loop mee op, sprint de tegenstander voorbij en zoek een goede positie. De man die van jou de bal kreeg, moet hem aan je kunnen teruggeven. Jij bent de belangrijkste man geworden. Omdat je je hebt vrijgemaakt van je tegenstander. Omdat je ongedekt bent. Daar moet je munt uit slaan. Ga door! Iemand anders neemt, indien je een verdedigende taak had, zo nodig die taak wel over.

Helaas, ik ben nog niet toe aan het opbouwen van een aanval. Terug dus naar de middelen die er bestaan om een tegenstander te passeren als dit door combinatie niet mogelijk is.

Nu gaat de balvaardigheid een heel ernstig woordje meespreken. Zit er in de koffer van onze man een scherp wapen om zo'n duel van man tegen man te winnen? Kan hij zijn tegenstander misleiden door één of meer schijnhandelingen? Kan hij hem met een kluitje in het riet dan wel de verkeerde kant op sturen? Heeft hij niets van dit alles bijgeleerd, dan moet hij zich wel in duizend bochten wringen. Hij kan proberen de bal langs zijn tegenspeler te drijven. Doet hij dit volgens de regelen van de kunst (met korte tikjes bij elke stap de bal even kalm vooruit spelen) dan is er nog niet zo'n grote kans op succes. De tegenstander ligt ver voor. Hij heeft geen bal tot last, kan het rustig aanzien en op het goede ogenblik zijn voet ertussen zetten. Nee, veel zin heeft dit rechttoe rechtaan niet voor de aanvaller. Beter lijkt het me voorlopig nog te proberen in een dergelijk geval de tegenspeler in snelheid te kloppen. Speel de bal maar langs meneer, langs zijn 'slechte' been weltverstaan, en sprint er maar achteraan. Misschien lukt het, misschien niet. Met voetballen heeft dit alles echter maar heel weinig te maken. Er is geen zekerheid over het slagen van zo'n actie. Er zitten aan zulke handelingen in het ongerijmde te veel risico's vast. En ze maken het spel *niet* boeiend!

Iets anders wordt het al wanneer je bij een poging om met de bal om een man heen te lopen het leer niet met de binnenkant, maar met de *buitenkant* schoen vlak voor je uit drijft. Dan heeft de tegenstander heel wat minder in de melk te brokkelen. Hij staat voor de grote vraag: waar gaat die bal toch heen? Want je kunt plotseling, na het leer met de buitenkant schoen in de richting van zijn linkervoet te hebben gedreven, omschakelen *op* de binnenkant en dan de bal langs zijn rechterbeen doorspelen. Aan het gebruik van de buitenkant schoen zit nog een groot voordeel. Het is nu mogelijk zo te spelen, dat jij – de aanvallende man – als een wig tussen de bal en de verdedigende tegenstander zit.

Een voorbeeld. Je speelt de bal met de buitenkant van de linkervoet, houdt hem akelig dicht bij de voet – hij zit er met het befaamde touwtje aan vast! – en wilt de tegenstander langs zijn zwakke linkerbeen passeren. Op het moment van de aanval moet hij zijn voet achter het leer zien te krijgen. Daar komt de beste man echter niet aan te pas, omdat jij je lichaam tussen hem en de bal kunt wringen.

Toch, geef mij de handige manoeuvres maar om een tegenstander uit te schakelen. Het moet niet nodig zijn om je lichaam te gebruiken. En het ís ook niet nodig. Je kunt het spel zoveel sierlijker maken.

Een vrij ingewikkelde situatie in de hoofdklassewedstrijd Sportclub Enschede-De Graafschap (gespeeld in april 1956) kon bijvoorbeeld zonder mankracht, zonder duwen, maar alleen door listigheidjes worden opgelost.

Een van mijn medespelers was op de outlijn in moeilijkheden gekomen. Hij werd geblokkeerd door de linksback van De Graafschap. Bovendien stormde een tweede tegenstander – de ver terugkomende linksbuiten – op hem af. Tegen twee man kon hij niets beginnen. Hij begreep het en speelde de bal heel eenvoudig van zich af in mijn richting. Ik stond op dat moment, na een switch, vrij op de rechtsbinnenplaats. Graafschaps linksbuiten stormde direct achter de bal aan en op mij af. Moest ik gaan duelleren met hem? Ik zag er niets in en probeerde het anders. Ik boog me naar links en speelde de bal met de binnenkant van de rechtervoet in die richting vooruit. De linksbuiten liep alweer die kant op. Toen het leer een halve meter bij me vandaan was, zette ik de punt van de schoenzool erbovenop (foto 30), haalde de bal terug en plaatste hem direct naar de man van wie ik hem gekregen had en die nu volkomen vrijstond. De Graafschap-speler liep hulpeloos aan mijn linkerkant.

Dit is maar één van de technische foefjes om een tegenstander te passeren. Er zijn er vele als je schijnbewegingen kunt maken. We gaan ze leren in de volgende lessen!

LES 18 *Schijnbewegingen – neem tegenstanders heerlijk in de boot*

Schijnbewegingen zijn de diamantjes van het spel. Dat is pas voetbal. De jongen of de man die een serie van deze manoeuvres meeneemt naar het sportveld, heeft goud in zijn koffer. Hij kan in de wedstrijd bereiken wat hij maar wil. Voor hem staan alle deuren en doelen open en vooral: hij zal altijd prettig spelen.

Schijnbewegingen vormen de 'make-up' van het voetbalspel. Ze maken het mooi om te zien. Ze zijn echter nog wat meer dan alleen mooimakers. Ze zijn enorm nuttig.

Cees de Lange zou zeggen: 'Je kunt er iemand mee in de boot nemen.' Dat is een apart genoegen van deze manoeuvres: je kunt er tegenstanders mee van het kastje naar de muur sturen. Het is echter allerminst het voornaamste. Schijnbewegingen zijn in de wereld gebracht om de spelers een middel méér te geven om zich vrij te spelen. Ze hebben tot doel één of meer tegenspelers in de waan te brengen dat je met de bal een bepaalde kant zult opgaan. Op het moment dat zij in de gesuggereerde richting snellen, verander jij van koers. Zo verwerf je, na een goede uitvoering van de manoeuvre, een vrij veld.

Tegenstanders op een verkeerd spoor brengen ter wille van je eigen spel. Laat ik de bedoeling van de schijnbewegingen zo maar samenvatten.

Ik ben dan begonnen aan een heel lang hoofdstuk van deze lessen. Er zijn namelijk bijzonder veel mogelijkheden om het tegengestelde te doen van wat je de tegenstander hebt laten denken. Je kunt je doel bereiken door onverwachte voetbewegingen, door lichaamswendingen, maar ook door verrassende manoeuvres met het... hoofd.

Om het niet direct te moeilijk te maken een eenvoudige startoefening, waarbij je de tegenstander van je afschudt door een hakbeweging. Je loopt achter een bal aan, tezamen met een tegenstander die zich aan je linkerzijde bevindt. Hij wil, evenals jij, trachten het leer binnen zijn speelbereik te krijgen. Je bevindt je al in een gunstiger positie doordat je tussen hem en de bal in loopt. Je ligt hem een slag voor. Toch moet hij uit de buurt. Direct is meneer weg. Je brengt de rechtervoet links naast de bal (kijk maar op foto 31), schuift de schoen er aan deze kant langs zonder het leer te raken, totdat de voet voor de bal is, en haalt

plotseling de voet terug alsof je het leer met de hak wilt terugspelen.

In plaats van de bal neem je echter de tegenstander op
de... hak. Hij moet wel reageren op de door hem verwach-
te hakbal door te stoppen en zich om te draaien. Hij meent
immers plotseling een andere kant op te moeten. Jij lapt
het hakken echter aan je laars, slaat het been terug langs
dezelfde kant die het op de heenweg gegaan is – opnieuw
zonder de bal te raken – en brengt de rechtervoet links achter de bal.

Terwijl de tegenstander te laat constateert dat hij bij de
neus genomen is, doe jij als vrij man wat je maar wilt. Ik
zou de bal echter maar afgeven naar een medespeler. Er is
een kans dat de verslagen speler zich snel herstelt en je gaat
achtervolgen. Hij is niet in een beste stemming en kon wel
eens onaangename dingen gaan doen. Tenzij het een spor-
tieve knaap is, die een nederlaag kan aanvaarden.

Deze simpele schijnbeweging is ook nog met een kleine variatie uit te voeren. Je kunt je voet op de heenweg in
plaats van langs óver de bal brengen, daarna toch de hakbeweging maken en de voet ook over de bal terughalen (foto
32). De schoen komt dan, na deze drie razendsnel uitge-
voerde bewegingen, recht achter het leer te staan. Veel verschil maakt het niet uit. Wanneer je over de bal heen stapt
zal een slimme tegenstander mogelijk eerder begrijpen dat
je iets ongewoons in de zin hebt. Breng je de voet naast de
bal dan zou hij nog even kunnen denken dat je met de buitenkant wilt gaan schieten. Het laatste maakt de twijfel bij
hem groter.

Ik maak het wat ingewikkelder. Het wordt echter beslist
ook doeltreffender. Je gaat een tegenstander letterlijk en

figuurlijk uit zijn evenwicht brengen. Die man staat voor
je als je in volle snelheid aankomt met de bal aan je rechtervoet. Toch moet hij gepasseerd worden. Je kunt dat volbrengen zonder de hulp van een medespeler en zonder een
riskante drijfpartij of gevaarlijk duel. Ofschoon je de bal
met de rechtervoet speelt, breng je het volle gewicht op
het linkerbeen over. Je helt stevig naar links over door het
bovenlichaam naar die kant om te zwaaien. Het moet een
snelle reactie zijn. De rechtervoet gaat naar de bal toe. Het
lijkt erop dat je het leer op de volle wreef zult nemen.

De tegenstander mag ervan denken wat hij wil, maar je
speelt hem onder geen beding in de kaart. Integendeel! Op
het laatste ogenblik zwaai je rechtervoet met een bocht
van rechts om de bal heen (foto 33). Het eindpunt van de
zwaai ligt links naast het leer, waar de rechtervoet vóór de
linkervoet op de grond komt. Meteen zwaait het bovenlichaam, rustend op het rechterbeen, weer om naar rechts.
Het linkerbeen draait om de rechtervoet heen en je speelt
de bal met de linkervoet. Het lijkt ingewikkeld, maar het is
het niet voor de 'uitvoerder'. Ingewikkeld is het wel voor
de tegenspeler. Waar is hij gebleven? Als hij de opzet niet
heeft doorzien – 90 procent kans – is hij naar rechts (voor
jou links) gehuppeld. Nooit kan hij zo snel reageren als wel
nodig is om te voorkomen dat je hem langs zijn linkerbeen
passeert.

En als hij het wel doorheeft? Als hij als een paal blijft
staan? Honderd tegen één staat de man dan wijdbeens. Je
kunt de bal zelfs tussen zijn benen door spelen. En ook dan
is hij een geslagen man omdat je – zonder een bal aan je
voeten – zowel rechts als links langs hem kunt lopen.

LES 19 *'Schaar' maakt tegenstander radeloos*

Law Adam was in de jaren van 1930 tot 1933 een der grootste spelers van het Nederlands elftal. Ofschoon hij in Zwitserland studeerde en daar uitkwam voor de club Grasshop-
pers stelde de keuzecommissie hem graag op. Adam mocht
– zoals Faas Wilkes enkele keren na de oorlog – op kosten
van de bond naar ons land vliegen. Zoveel was zijn uitkomen wel waard.

De binnenspeler Adam, die elf keer voor Oranje uitkwam, was een fijne technicus. Hij had de bal aan een
touwtje. Tot zijn wapenrusting behoorde een schijnbeweging die men in ons land niet kende. Hij bracht haar op onze velden, maar slechts enkelen bleken in staat de 'Adam-
schaar', zoals we die manoeuvre zijn gaan noemen, uit te
voeren. Dat mag een beetje bevreemden. In werkelijkheid
is de schaar namelijk, volgens mij althans, niet zo lastig.
Hij is zelfs wat eenvoudiger dan de schijnbeweging waarmee we de vorige les afsloten. De schaarmanoeuvre vraagt
voornamelijk een zeer grote lichaamsbeheersing. Neem
dit keer maar een stilliggende bal, zet je schrap op het linkerbeen en til vooral niet te zwaar aan dat schrapzetten.
Ga beslist niet als een houten Klaas bij het leer staan. Alle spieren moeten loshangen. Het lichaam helt naar links
over. Op deze manier wek je de indruk de bal met de rechtervoet naar links te zullen spelen. Dit gebeurt dus... niet.
Het rechterbeen, dat met de binnenkant voet rechts naast
de bal stond, komt achter het leer om tot links naast de bal.
Het been zwaait, terwijl het lichaam automatisch van links
naar rechts gaat, tussen het linkerbeen en het leer door (nu
schaar je, kijk maar naar foto 34), gaat om of over de bal
heen naar rechts en daar plant je de voet rechts naast de

bal neer. Het bovenlichaam draait mee en nu ben je waar je – volgens het recept-Adam – naartoe wilde: je kunt de bal met de linkervoet, die pal achter de bal staat, meenemen.

Wanneer kan de 'schaar' worden gemaakt? Alleen als de bal definitief in je bezit is! Dat maakt de waarde natuurlijk beperkt. Ze is echter nog groot genoeg. Denk maar eens aan de mogelijkheid die er nu is om een tegenstander te passeren. De schaarbeweging is beslist heel wat nuttiger dan het drijfpartijtje waardoor je wilt proberen mét de bal langs een tegenstander te lopen. 'Scharen' heeft ook veel meer zin dan de bal langs een tegenstander spelen en er zelf hard achteraan lopen. Je moet dan maar afwachten of je inderdaad sneller bent dan de verdediger.

De schaarbeweging – twee schijnhandelingen achtereen – maakt de tegenstander duizelig en een tikje radeloos. Hij weet niet wat hij moet ondernemen. Eerst kan hij verwachten dat de 'schaarder' de bal langs zijn linkervoet zal spelen. Hup, hij naar links! Op dat ogenblik komt je linkervoet rechts van de bal te staan. De tegenstander zou onmiddellijk op zijn rechterbeen moeten gaan staan. Dat kan hij niet bijbenen. Het is echt te veel voor hem. Intussen ben jij hem al langs zijn rechtervoet voorbij of heb je de bal langs die kant van de tegenstander naar een medespeler gebracht. Als een moedeloos man blijft de tegenspeler achter. Hij gelooft er niet meer in en zal de hele resterende wedstrijd het onprettige gevoel hebben die 'schaarder', die knaap met zijn 'elastieken' benen, niet aan te kunnen. Diep gedeukt is zijn zelfvertrouwen. Veel last zal je van hem niet meer hebben. Hij blijft het liefst uit de buurt om geen tweede flater te slaan.

De tegenstander staat nog te dromen. Jij bent alweer gewikkeld in een nieuwe spelsituatie. Een tweede verdediger wil je de bal ontnemen. Hij mag even het gevoel hebben dat het hem zal lukken. Daar: je speelt de bal een tikkeltje opzij, maar in zijn richting. Zie je hem haastig en met een voldane glimlach op het bruine monster toelopen? Je hoort het hem zeggen: 'Ha, ik heb hem.' Dat dacht de man. Hij krijgt niets! Meneer steekt zijn been al uit. Jij bent hem net een slag voor. Je zet de punt van de schoenzool boven op de bal en haalt het leer gezellig achteruit. Jammer dat die bal niet van ivoor is. Dan zou je hem, zoals bij het biljarten, door hem onderaan te raken, kunnen trekken. De leren bal kun je echter alleen 'trekken' door hem met de schoenzool terug te halen. Arme tegenstander! Hij staat er weer naast na die handeling van jou. Terwijl hij loopt in de richting die de bal oorspronkelijk even had, speel jij het leer de andere kant uit. Enfin, jij hebt opnieuw een duel omzeild en kunt, na het 'nemen' van twee tegenstanders, waarschijnlijk wel een doelpunt maken.

Een nieuwe aanval van ons elftal. De rechtshalf is zo dom de bal niet over de grond naar je toe te schuiven, maar door de lucht te spelen. Jij staat wel goed opgesteld, dus zodanig dat je door één hoofdomdraai ook het doel van de tegen-partij kunt zien. Toch is het niet mogelijk de bal langs je te laten lopen en daarna met de schoenzool onder controle te brengen en vooruit te prikken. Er staat weer een mannetje in je rug te duwen. Terugkoppen naar een achtergebleven medespeler? Het zou kunnen. Maar die bal moet *vooruit*, in de richting van het doel. Daar ligt de kans op een doel-punt. Je zou dit kunnen bereiken door het leer even met het kruintje achterwaarts te koppen. Niet doen. Er staat geen eigen man achter je. Los het ánders op. Zó: Je doet

alsof je het leer zult koppen. Op het moment dat de bal bijna bij je is, trek je echter je hoofd terug, onder het leer uit.
Je laat de bal gaan, draait je snel om en sprint erachteraan
(foto 35). De verdedigers, inclusief de keeper, zijn volkomen van streek. Ze kunnen zich vrijwel zeker niet herstel-
len en het moet al vreemd lopen, als jij niet nog een doelpunt voor je team kunt scoren.

LES 20 *Keeper misleid dankzij... de kleine teen*

Het was in een van mijn interlandwedstrijden tegen de
Belgen. Zestigduizend mensen schreeuwden in het Feyenoordstadion te Rotterdam om een Nederlands doelpunt.
Ze kregen wat ze wilden en zelfs nog meer. Ze zagen keeper Daenen naar links uitvallen en de bal langs diens rechtervoet in het doel verdwijnen. Het stadion stónd op zijn
kop!

Hoe kon dat nu? Hoe kon die befaamde doelman van de
Rode Duivels het toch zo verkeerd bekijken? Mijn vriend
Daenen maakte niet zo'n grote fout. Hij mocht echt denken dat ik de bal links van hem in de hoek zou schieten. De
Belg liet zich naar de 'goede' hoek vallen, toen hij zag dat
ik de wreef van de linkervoet achter de bal bracht en dat
mijn lichaam naar rechts overhelde. Als ik doorgezet had
was het leer inderdaad in die richting gegaan. Als... Het
plaatsen van de linkerwreef achter de bal was echter niet
anders dan een schijnbeweging. Daardoor wilde ik Daenen
alleen maar in de waan brengen dat de bal in zijn linkerhoek zou worden geschoten. Hij stond me, een paar meter
voor de doellijn (kijk maar op foto 36), echt een beetje in
de weg.

Op het moment dat de Rode Duivel zijn linkerarm uit-stak en naar links viel schoot ik echter *niet*. De linkervoet schoof in een flits achter het leer om en ik speelde de bal onverwacht met de *buitenkant* schoen. Het werd zoiets als het 'aaitje', met dien verstande dat het leer in dit geval iets feller werd geduwd en duidelijker met de kleine teen werd gestuurd. De bal draaide daardoor met veel effect langs Daenens machteloze rechtervoet. Tijd om zich te herstel-len had de brave Belgische doelman niet.

Je kunt deze schijnbeweging ook al weer onder alle om-standigheden toepassen. Ze is waarlijk niet alleen nuttig om een keeper te verschalken. Neem maar eens het geval dat je de bal langs een tegenspeler in het veld wilt plaat-sen. Geef hem maar het idee dat je dit langs zijn linker-been zult proberen. Dat doe je al door het bovenlichaam naar rechts te draaien. Je komt dus schuin te staan in de richting waarin je – normaal gesproken – de bal zou spe-len. Dit keer is het echter maar schijn, evenals handeling nummer twee: de linkervoet zo achter de bal brengen, dat meneer-de-tegenspeler de indruk krijgt dat je gaat schie-ten met de wreef. Wat heb je met die tegenstander te ma-ken? Niets. En hij heeft nog minder te weten van jouw schietplannetjes. Breng hem verder van de wijs: maak de schietbeweging, maar raak de bal niet. De tegenspeler re-ageert onmiddellijk. Hij steekt zijn linkerbeen uit in de hoop de bal nog te kunnen onderscheppen. Jouw linker-voet schuift echter achter de bal om tot de schoen met de buitenkant er compleet achter staat. Je raakt het leer nu helemaal aan de linkerkant met het voorste voetgedeel-te, ter hoogte van de kleine teen, en duwt de gemakkelijk draaiende voet naar links om. Wég is de bal. Ofschoon jij naar rechts staat verdwijnt hij naar links, langs de rech-

tervoet van de uit zijn evenwicht gebrachte tegenstander.
Mooi werk!

Het kan nog wat eenvoudiger. Je stormt weer eens op het
doel af, nu met het leer aan je rechtervoet. Je hebt door een
paar schijnbeweginkjes een back van je afgeschud en weet
alleen de doelman voor je. Die keeper maakt echter zijn
doel kleiner door uit zijn 'hok' te komen. Direct schieten is
een gevaarlijke onderneming, juist omdat het doel door de
uitlopende wachter prima is afgeschermd. De keeper moet
uit zijn evenwicht worden gebracht en naar de 'verkeerde'
kant gestuurd. Dat is de enige manier om een groter 'open
gat' te krijgen tussen de twee palen. Je krijgt die opening
onherroepelijk door de volgende schijnbeweging.

De bal hangt aan het touwtje dat in gedachten aan je
rechtervoet bengelt. Hij is dus pal bij je. De *binnenkant*
schoen is achter het leer en je wekt, ook door je lichaamshouding, duidelijk de indruk de bal links van de keeper te
willen trappen. Dat feest gaat niet door. Op het moment
van schieten draait de voet. Het voorste gedeelte zwenkt
even naar binnen (foto 37). Met de kleine teen stuur je het
leer naar links, zodat de hopeloze keeper aan zijn rechter-
kant wordt gepasseerd.

Op papier lijkt het maken van doelpunten op deze manier een gemakkelijke zaak. Het is echter niet zo simpel. In
de belangrijke hoofdklassewedstrijd Feyenoord-Sportclub
Enschede (seizoen 1955-'56) wilde ik hetzelfde trucje toepassen toen ik plotseling vrij voor doel kwam te staan. De
bal sprong echter door een oneffenheid in het stadionveld
niet voor mijn schoen, maar tegen mijn been. Enfin, het
kan niet altijd raak zijn.

Een andere schijnbeweging: het *overstapje*. Het is de simpelste methode om een tegenstander van zijn stuk te brengen. Doe alweer alsof je van plan bent de bal te spelen, maar stap er eenvoudig overheen – laat het leer tussen je benen door lopen (foto 38). Door dat beweginkje kan een doelrijpe kans ontstaan.

Tal van voetballers denken het overstapje al te kunnen uitvoeren. In de meeste gevallen doen zij het echter fout. De tegenspelers zien aan hun lichaamshouding al dat zij een overstapje in het hoofd hebben, doordat zij als houten klazen blijven staan. Het overstapje heeft daarentegen alleen zin als je *niet* laat blijken de bal onder je te willen laten doorgaan. Je moet werkelijk op het leer toelopen, even met de heup draaien, een schietbeweging maken en dan de bal rustig laten lopen.

De spelsituatie moet aan nog een voorwaarde voldoen. Je dient beslist een medespeler achter je te weten. Je speelt maar in de kaart van de tegenpartij als je de bal zomaar aan je laat voorbijgaan, terwijl slechts haar mensen achter en naast je staan. Zij hebben de bal maar voor het wegtrappen en laten jou uitgeschakeld staan.

LES 21 *Vergeet de bal, speel voor mannequin*

Laat de bal maar liggen, hij wacht wel op je! Loop zelf na een schijnschietmanoeuvre een bepaalde kant op. Lok je tegenstander mee. Draai je, snel als een haas, om terug naar de moedwillig 'vergeten' bal – en kijk daar: geen veldspeler staat je meer in de weg. Je kunt zomaar op het doel schieten.

Waaghalzerij? Trapt niemand daar in? Ik weet wel beter. Wanneer je bovendien vandaag of morgen onze oud-international Kick Smit ontmoet, zal hij je precies kunnen vertellen hoe hij op deze manier topspelers van vertegenwoordigende buitenlandse elftallen (waarlijk niet de eersten de besten) van het kastje naar de muur stuurde.

Kick Smit droeg zowel vóór de oorlog (in de *We gaan naar Rome*-tijd) als daarná het oranjeshirt. Hij stond, evenals ik, op de linksbinnenplaats, maar was toch wel een geheel ander type speler. Zo graag als ik een goed plaatsje in de vuurlinie zoek, omdat daar de doelpunten gemaakt moeten worden, zo graag zwierf hij van de verdediging tot en met de voorhoede over het veld. Smit had het uithoudingsvermogen om 'overal' te kunnen zijn, was het type van de zwoeger. Een wonderlijke zwoeger, want – en dat komt zelden voor – hij was tegelijk technicus.

Van hem zag ik voor het eerst in mijn leven de schijnbeweging: vergeet de bal! Nooit zal ik meer vergeten hoe Kick Smit zich daardoor, tijdens een België-Nederland-wedstrijd te Antwerpen, een prachtige schietkans verwierf. Het werd in dit geval geen doelpunt, maar dat deed aan de schoonheid van de actie niets af. Wij vonden het een der mooiste momenten uit de hele match.

Linksbinnen Smit dook plotseling op de rechtsbinnen-plaats op. Waar hij vandaan kwam mocht Joost weten. Hij wás er en hij had de bal aan zijn voet. Tot schieten kreeg onze man evenwel geen kans. Hinderlijk dicht bij hem stond België's linksback, een mannetjesputter, die zich niet gauw in de luren liet leggen. Haarlems matador stuurde de gewiekste achterspeler echter zo ongeveer naar de... hoek-vlag! Smit bracht zijn tegenstander in de waan hem langs zijn linkervoet te willen passeren. Zijn lichaam draaide rechts vooruit. Zijn linkervoet kwam even achter de bal (foto 39), maar ging er in dezelfde vaart overheen (foto 40). Smit stapte compleet over het leer heen en stond plotseling met zijn rug vóór in plaats van achter de 'vergeten' bal (foto 41). De Belgische back had op die eerste bewegingen gereageerd met een sprint naar links, met gevolg dat de Nederlander nu al tussen hem en de achtergebleven bal stond.

Onze linksbinnen was niet tevreden met die verbeterde positie. Hij draaide zich snel naar rechts om (foto 42), liep om het leer heen en kon nu vrij schieten met het linkerbeen (foto 43), terwijl zijn arme tegenstander in het niemandsland treurde. De Belgische toeschouwers floten hun favoriet uit. Dat hun man zich zo had laten beetnemen. Het was beter geweest uitgebreid te applaudisseren voor Smit. Een doelpunt leverde dit sublieme voetbalstaaltje helaas niet op. De doelman kon het verrassende schot uit de hoek slaan. Jammer voor de grote Kick. Zijn magnifieke schijnmanoeuvre alleen al had een bekroning in de vorm van een doelpunt verdiend.

In elk geval: het kán zo. Het is mogelijk op deze manier een tegenstander uit je buurt te lokken. Voeg dit nuttige middel aan je arsenaal van schijnbewegingen toe door gestadig te oefenen. Léér snel over een bal heen te lopen en je nog sneller te wenden. Je kunt het in je eentje doen, ook in de huiskamer, want het is juist de bedoeling de bal niet te schieten, maar te... vergeten.

Heupbewegingen! Die alleen al zijn van grote waarde. Het zijn elk voor zich schijnbewegingen, omdat ze altijd weer een tegenstander op een verkeerd spoor brengen. Kick Smit – alweer hij – was een meester op dit vreemde lichamelijke wapen. Hij draaide even gemakkelijk met zijn heupen als anderen met hun ogen knipperen. Het moeten goed gesmeerde scharnieren zijn geweest. Je kunt door dergelijke heupbewegingen te maken soms tientallen meters over het veld lopen zonder ook maar één keer in een duel van man-tegen-man te geraken. Het lukte mij bijvoorbeeld in een wedstrijd tegen Feyenoord op deze wijze van het midden-veld naar het vijandelijke doel te lopen. Met de bal in mijn nabijheid, maar vrijwel zonder hem te spelen. Vier tegen-spelers ontmoette ik achtereenvolgens. Ze liepen allemaal precies de kant op waarheen de bal niet ging en daarmee in het heupvalletje.

Wat deed ik? Eigenlijk niets. Althans: ik raakte die hele lange weg de bal praktisch niet aan. Ik speelde hem alleen op de momenten dat een tegenstander me dreigde aan te vallen. Dan dirigeerde ik het leer even, nu met de binnen-kant dan met de buitenkant schoen, in een andere richting, langs de verslagen tegenstander. Voor het overige was de wandeling heupenwerk.

Je voelt je, tijdens zo'n lange ren, als een slangenbezweer-der. Je bent voortdurend in beweging zonder eigenlijk iets te doen. Het bovenlichaam danst maar heen en weer op de draaiende heupen.

Daar komt tegenstander nummer één – een teruggeko-men binnenspeler – je als eerste de weg versperren. Sinds zijn eerste trap weet je dat zijn rechterbeen zijn sterkste wapen is. Je moet hem dus langs zijn linkerbeen passeren. Prachtig! Geef hem de illusie toch langs zijn rechterbeen te zullen gaan. Draai het lichaam met een forse heup- en schouderzwaai naar links. Het rechterbeen komt mee. Meteen zwaait het bovenlichaam echter naar rechts over en je speelt de bal óf met de buitenkant rechts óf de bin-nenkant links langs hem. Als dat tenminste nodig is.

De tweede, derde, vierde en eventueel de andere zes tegenstanders behandel je precies zo. Zolang de heupen wiegen – voor mannequins moeten deze heupschijnbewegingen gesneden Friese koek zijn! – is het een zondagse wandeling over het veld.

Over de bal behoef je je niet te veel zorgen te maken. Laat hem zijn eigen gang maar gaan. We hebben hem nu, bij het passeren van de tegenstander, nog een klein zetje gegeven dan wel van richting veranderd, maar straks is ook dat niet meer nodig. Je laat dat stuk leer gewoon een rechte lijn volgen en je haalt alleen de tegenstander uit zijn baan door de heupbewegingen. Heus, het kan en het gaat uitstekend!

LES 22 *Effect: bal blijft trouw aan z'n baas*

In elke tak van sport waarbij een bal te pas komt, kun je met effect spelen. Tafeltennissers laten door een bepaalde aanraking met hun bats het kleine witte balletje wonderlijke sprongen maken. Biljarters verstaan de kunst zo te spelen, dat het ivoor – na tegen de band te zijn gestoten – een heel andere loop neemt. Zij spelen dan met tegeneffect.

Met effect spelen is op het voetbalveld ook mogelijk. Natuurlijk! Je kunt toch alles doen met een leren bal. Hij gehoorzaamt wel aan je aanwijzingen. Het gaat er maar om hem op de goede plaats te raken. Trap je rechtsonder tegen de bal, zonder hem vol te raken, dan volgt hij eerst een vrijwel rechte lijn, maar daarna draait hij een tikje naar rechts af. Raak je het leer half linksonder of linksmidden – de bal wijkt op het laatste gedeelte van zijn weg beslist iets naar links af, doordat je hem hebt laten draaien.

Behalve wat ik in een der eerste lessen heb verteld over de mogelijkheid om de bal langs de lijn te laten huppelen (het mysterieuze aaitje met de buitenkant voet), is er nog een leuk middeltje om de bal te doen draaien, om de bal met tegeneffect te spelen.

Normaal is dat het leer, na een trap van jou, van je af gaat. Meestal willen we dat ook. Vooruit spelen is nu eenmaal onze bedoeling. Er kunnen zich echter omstandigheden voordoen waarin het alleen maar gewenst is de schijn te wekken dat je de bal in de richting van een tegenstander zult brengen (zoals ook bij de schoenzool-trekbeweging). Wat je nu gaat doen is dan ook niets anders dan een schijnbeweging maken. Je gaat de schijn wekken de bal van je af te zullen spelen. De tegenstander zal een rare pijp roken.

Daar komt de bal op je af. Hij tipt vlak voor je op de grond. Het zou geen kunst zijn om hem onmiddellijk op je slof te nemen of af te stoppen. Dat trap-maar-weg-systeem, dat met een mooi, duur woord opportuniteitsvoetbal wordt genoemd, is het echter beslist niet. Je kunt nooit zuiver schieten. En afstoppen? Och, het ligt zo voor de hand. Doe eens wat anders, wat gezelligers met die bal. Dit bijvoorbeeld: Heel licht gebogen komt het rechter- (of linker-)been naar voren. De schoenpunt schuift onder het leer door. De bal zelf valt vóór op de wreef, in het kuiltje tussen enkel en schoenpunt. En nu: jongleren met dat stuk leer. Laat het maar even op de schoen dansen. De schoen schuift er steeds onderdoor. Je raakt de bal even met het stukje leer dat op de schoenpunt boven de tenen zit. Je duwt in opwaartse richting tegen de achterkant van de bal aan. Heel even maar (foto 44). Zie je al wat hij doet? De bal draait op je voet naar binnen toe, dus naar jou toe. Hij is trouw als een goede hond aan zijn beste baas. Ho, nu moet de bal eens een keertje op de grond komen. Schuif de schoen er maar weer onderdoor, raak het leer opnieuw met de schoenpunt en haal dat been van je opzij. Wat doet de bal als hij op de grond stuit? Weglopen, naar een tegenstander toe? Geen sprake van. Je kunt, als het erop aankomt, rustig op een stoel gaan zitten, want je leren vriendje draait andermaal naar je toe. Hij komt uit zichzelf bij je terug, want je hebt met tegeneffect gespeeld!

Het is een mooi spelletje zo aan de zijlijn van het veld. De gekste dingen kun je ermee beleven. Stel je voor dat hier een tegenstander de komende gebeurtenissen staat af te wachten. Op het moment dat jij – na zo'n dartele draaibeweging – de bal van je voet laat vallen in de richting van de lijn, steekt hij zijn handen uit om het leer op te vangen. Hij wil al ingooien. Maar laat de bal nu vlak voor de lijn naar jou terugdraaien! De tegenspeler snapt er geen jota van. Hij is in staat om de scheidsrechter te gaan vertellen dat je een magneet in je schoenen hebt verborgen.

In wezen is dit een juweel van een schijnbeweging, want elke tegenspeler is na dit technische grapje volkomen van de kaart. Het kost geen moeite hem het volgende moment langs normale weg te passeren.

Een ander grapje op het groene veld is minder technisch, maar soms wel doeltreffender. Ik neem aan dat je in het strafschopgebied van de tegenpartij de bal in je bezit hebt of daar krijgt toegespeeld van een verstandige buitenspeler. Er moet op doel geschoten worden. Allicht! Slechts van schieten komen de doelpunten, zegt men. Tussen jou en de doelman staat echter nog een back met zijn gezicht naar je toe. Die man is een hinderpaal en hinderpalen zijn er om uit de weg te worden geruimd. Schiet ook in zo'n geval niet in het wilde weg. Doe alleen alsof je van plan bent te gaan schieten. Breng je voet naar de bal, maak een schietbeweging en wel zo, dat die hinderlijke man moet vrezen de bal in het gezicht te krijgen.

Gemeen? Onsportief? Het zou inderdaad niet sportief zijn de bal werkelijk tegen zijn neus te trappen. Daarom doe je dat ook niet. Je brengt hem alleen in de waan zulke grove plannen te hebben. Hij kijkt dan wel uit, slaat zijn handen voor zijn gelaat (hij ziet niets meer van je handelingen!) of – en dat is nog waarschijnlijker – hij draait zich om. Dank u! Jij profiteert van de natuurlijke reacties van de tegenspeler door hem met de bal aan je voet voorbij te lopen en wel langs de kant die hij niet op is gegaan. Als je maar slim bent.

Er zijn nog verscheidene andere schijnmanoeuvres uitvoerbaar. Alle handelingen om de bal af te stoppen kunnen namelijk ook alleen in schijn worden uitgevoerd. Op de valreep van de lessen in schijnbewegingen nog een voorbeeldje daarvan: in schijn de bal op de borst opvangen.

Er staat weer zo'n vervelende tegenstander bij je in de buurt. Hij bevindt zich rechts van je. Over twee tellen staat hij links achter je! Je maakt de beweging waaruit duidelijk blijkt dat je de bal ter hoogte van de borst wilt afremmen. Je brengt dus dit deel van het bovenlichaam iets naar voren. Als de bal vlak bij je is, bijna op de borst, draai je echter terstond en snel naar links om, zodat je met de rug naar de tegenstander komt te staan. De bal loopt langs je. Wanneer er een medespeler achter je staat kun je het leer rustig laten gaan. Is dat niet het geval, wel, dan duw je de bal, tijdens je draai, méé om, naar beneden, en brengt hem onder controle voor je rechtervoet.

Een eenvoudige zaak? Ja! Na veel oefenen is het even gemakkelijk als koffiedrinken.

LES 23 *Te mogen ingooien is een voorrecht*

Een ingooibal houdt een strafmaatregel in tegen de partij die de bal, meestal zonder enige noodzaak, over de zijlijn heeft gewerkt. Te mogen ingooien is een voorrecht voor de begunstigde partij. Als het goed gebeurt kan zij uit zo'n inworp een aanval opbouwen. Te zelden profiteert men echter van het, door een fout van tegenspelers verkregen recht! De meesten doen maar wat als zij met de bal in de handen achter de lijn staan. Zij weten niet eens wat zij wel en niet mogen doen. Kortom: ze maken geen gebruik van de kans die hun bij wijze van cadeautje in de schoot wordt geworpen.

Tijdens een oefenwedstrijd van het voorlopig Nederlands elftal presteerde een invaller-kanthalf het om binnen vijf minuten tweemaal fout in te gooien. Gevolg: de tegenpartij mocht het overdoen en zij deed het beter. In een belangrijke hoofdklassewedstrijd van het seizoen 1955-'56 wierp een ervaren kanthalf de bal zo onzuiver in de richting van een medespeler, dat een tegenstander vrij voor doel kwam te staan en een goal tegen de 'bevoordeelde' partij kon scoren. Dergelijke onnozele fouten degraderen een ingooibal tot een nadeel voor de club die er zoveel profijt van had kunnen hebben. Misschien dat om die reden tal van achterspelers maar al te gemakkelijk de bal domweg uittrappen.

Ingooien dient snel te geschieden. Het mag geen seconde langer duren dan nodig is. Geef de tegenstanders toch geen gelegenheid om je medespelers af te dekken. Heb je het leer naast de zijlijn binnen bereik, maar ben je geen kanthalf? Dan toch zelf ingooien. Het is slechts tijdverlies de bal nog eens over te geven aan de toesnellende kanthalf. Dit geldt óók voor een back. Indien hij een medespeler vrij ziet staan mag hij er geen gras over laten groeien. Hij móét ingooien. Alleen als de situatie werkelijk hachelijk is, geeft hij het leer over aan een van zijn medespelers en neemt zelf terstond de dekking van zijn tegenstander op zich.

Zijn wij in de aanval? Het zou waarlijk waanzin zijn te wachten totdat de halfspeler naar voren is gekomen. Tijdverlies. Hij mág zich zelfs niet bemoeien met de ingooi. Zijn stukje terrein ligt rondom de speler die hij in de wedstrijd als zijn persoonlijke tegenstander dient te beschouwen. Dáár woont hij vanmiddag. De buitenspeler gooit wel in. Desnoods doet de naar buiten gezwenkte midvoor het. Het gaat er maar om snel de kans tot het inleiden van een nieuwe aanval waar te nemen.

Wat doen de medespelers van de inwerper? Ik zie ze alweer stilstaan, afwachten tot de bal misschien bij hen komt. Wat dom toch! Op die manier spelen ze mee met de tegenpartij. Haar mensen kost het geen moeite om af te dekken. Maak het ze lastig! Loop allemaal heen en weer. Zoek, precies als in het normale veldspel, een goede positie. Bied de ingooier een keuze. Hij heeft die beslist niet als slechts één medespeler zich enige vrijheid verschaft. Iedereen die in de buurt is, behoort vrij te lopen, ook al weet hij van tevoren de bal niet te zullen ontvangen. Hij doet dan toch nuttig werk, omdat hij de aandacht van een tegenspeler afleidt.

De ingooier blijft de belangrijkste man. Hij heeft op veel dingen te letten. Hij moet met beide voeten op de grond blijven staan, mag dus niet springen (foto 45). Hij mag *niet* evenwijdig met het veld gaan staan (foto 46), hij dient de bal achter het hoofd te houden en van boven het hoofd te gooien – hij mag de bal vooral niet laten vallen. Maar hij mag ook erg veel wél. Aanzienlijk meer dan men kennelijk in het algemeen weet. Vrijwel altijd weer zie ik dat de ingooier schuchter met beide voeten geheel achter de lijn plaatsneemt. Waarom toch? Er is geen enkele spelregel die dit gebiedt. Je mag wel degelijk *op* de kalklijn staan. Dat scheelt alweer een paar decimeter. Zoveel heb je minder te werpen.

Zet je beide voeten zo neer, dat alleen de hakken op de lijn blijven (foto 47). Zorg er wel voor dat ze daar – ook op het moment van de worp – blijven. Licht ze niet op, want zodra een van de hakken helemaal loskomt van de grond ben je in overtreding. Beide hakken moeten in dit geval op het veld blijven staan. Het is niet toegestaan evenwijdig met de lijn te gaan staan. De verplichting in de richting van het veld te staan houdt echter per se niet in dat je je recht vóór de lijn, precies haaks, dient op te stellen. Je staat namelijk óók in de richting van het veld wanneer je je schuin opstelt, met de ene voet bijvoorbeeld op de lijn en de andere wat meer naar achteren (foto 48).

Snel handelen en goed opstellen zijn twee waardevolle onderdelen van het ingooien. Er zijn er nog een paar. Dit bijvoorbeeld: het behoort bij het spel niet te laten blijken naar wie en in welke richting je de bal zult werpen. Je moet niet naar een bepaalde man gaan kijken. Draai maar wat met het hoofd heen en weer. Laat de tegenpartij in het onzekere over je bedoelingen en maak er ten slotte een grote verrassing van. Werp de bal, na een plotselinge lichaamswending, in de richting waarheen je nog geen keer gekeken hebt. Dat behoeft geen riskante onderneming te zijn, omdat je op het laatste moment toch precies kunt zien dat een medespeler daar een gunstige positie inneemt. Wie zou die man zijn? Iemand van de vleugel aan wiens kant het leer over de lijn is geraakt? Vast niet! Dat kan alleen maar een speler zijn die tot nu toe buiten het strijdgewoel is gebleven en die als een hazewind van de overkant van het veld is overgekomen. In verreweg de meeste gevallen is zijn bewaker niet met hem meegelopen. Dit betekent dat hij een vrij man is, die zich ongehinderd op de bal kan werpen en een pracht van een pass kan geven aan een medespeler op de andere vleugel. Je ploeg is in de aanval, dankzij de slimme ingooier en de overgekomen aanvaller, die de ruimte opzocht.

LES 24 *Lucht(in)worpen: meestal waardeloos*

Een ingooi kan de waarde hebben van een hoekschop. Frans Hoogenbirk bewees dat elke keer als hij de bal op de helft van de tegenpartij door een worp opnieuw in het veld moest brengen. Deze speler van het Groningse Be Quick, die tal van keren in het Noord-Nederlands elftal werd opgesteld, wierp de bal van de zijlijn tot bij de tweede paal. Zijn ingooi was beter dan het gros van de voorzetten. Er is kracht voor nodig én een goede manier van werpen om de bal zo ver, over een afstand van ongeveer veertig meter, te krijgen. Het komt er al op aan het leer goed in de handen te vatten. Beide duimen dienen achter de bal te zitten. Ze moeten kunnen meeduwen. De kracht van de worp en daarmee de vaart van de bal hangt vooral af van de houding van het lichaam. De romp buigt zo ver mogelijk achterover en zwaait op het ogenblik van werpen snel naar voren. Gooi het bovenlichaam als het ware achter de bal aan. Smijt het leer uit je beide handen. Maar let op: de voeten mogen niet van de grond loskomen!

Ik neem maar aan dat dit zal lukken en ga nu wijzen op een altijd weer terugkerende fout van de ingooier. Negentig van de honderd keer dat een speler mag inwerpen, probeert hij de bal te plaatsen op het hoofd van een medespeler. Ik kan daarvan het nut niet inzien. Waarom moet je die medespeler nu dwingen te proberen het leer met zijn hoofd onder controle te brengen. Het maakt het voor hem maar moeilijker. Hij heeft weer enkele bewegingen te maken voordat de bal goed voor zijn schoen ligt. Ja, hij zou de bal met het hoofd naar jou – de ingooier – terug kunnen slaan. Dat is echter al zo'n vervelend, afgezaagd liedje, dat elke tegenstander het bij voorbaat doorheeft. Er zit geen verrassing meer in. Meestal belandt het leer na zulke manoeuvres ook nog opnieuw over de lijn en dan is het voorrecht veranderd in een nadeel, in een straf. De man in wiens richting het leer ter hoogte van diens hoofd wordt geworpen, maakt er al iets meer van wanneer hij een van de schijnbewegingen in praktijk brengt. Hij doet het voorkomen de bal op zijn voorhoofd te willen nemen door de bekende manoeuvre te maken, duikt echter vlak onder het leer door, draait zich onmiddellijk om en heeft dan vermoedelijk wel een vrij veld voor zich. Het bezwaar blijft echter dat hij een hoge bal onder controle moet brengen. En daaraan zitten de nodige risico's vast.

Even weinig zin heeft het de bal op borsthoogte naar een teamgenoot te werpen. In de spelerswirwar die vaak met een ingooi gepaard gaat (altijd zijn er vijf, zes spelers in de buurt te vinden), kan die medespeler nauwelijks iets beginnen met zo'n bal. Hij moet wel een virtuoos zijn in het meenemen en dribbelen, wil hij, na het afstoppen met het bovenlichaam, de bal uit het inworpgebied kunnen goochelen. Voor de man die van een ingooi geen voorzet à la Hoogenbirk kan maken, is er maar één goede methode: hij moet de bal op de *voet* van een medespeler gooien. Dit is geen kunst, reden waarom ik al die waardeloze luchtworpen niet kan begrijpen. De 'ontvanger' heeft nu tal van mogelijkheden voor een correcte behandeling. Hij is in de gelegenheid om de bal met de binnenkant voet terug te spelen (en als hij dit goed doet heeft geen tegenstander er erg in!). Hij kan de bal, na een stapje voorwaarts plus een overstapje, langs zich laten lopen. Hij kan de indruk wekken de bal terug te willen spelen, maar hem even snel met de schoenzool terugtrekken. Hij kan nagenoeg álle schijnbewegingen toepassen die ik tot nu toe besproken heb.

Daarmee lijkt me voldoende bewezen dat het honderdmaal beter is de bal op de voet in plaats van naar het hoofd of op de borst van een medespeler te plaatsen.

Laten we niettemin nog een bepaalde spelsituatie bekijken. De bal moet worden ingegooid op de zijlijn aan onze rechterzijde. De rechtshalf staat op zijn plaats en krijgt de bal snel toegeworpen van een der ballenjongens. Het gaat zo vlot, dat de linksbinnen niet de tijd krijgt om over te komen. In elk geval: hij is er niet. De rechtsbuiten is wél prima teruggekomen. Hij staat met zijn linkerzij naar de inwerper, met de rechterzij naar zijn 'schaduw', de linksback van de tegenpartij, en kan direct beide kanten op. Uitstekend – hij begint het te leren.

Zijn rechtshalf gooit de bal langs de lijn – hij kon dat

doen doordat hij zich schuin had opgesteld – naar hem toe. De rechtsbuiten wendt zich naar rechts om, brengt zijn rechterbeen links langs het leer (hij is dus al tussen tegenstander en bal), maakt de hakbeweging zonder de bal aan te raken – het brengt de back even van de wijs –, schuift de schoen links of rechts langs het leer terug tot achter de bal en speelt verder. Hij is zijn tegenstander voorbij!

Wat kun je nog meer doen met een ingegooide bal? Achterover spelen! Je kunt elke ingeworpen bal tijdens zijn korte luchtreis onderscheppen en onmiddellijk op de wreef nemen. Haal je dit stukje uit, terwijl je rechtop of voorovergebogen staat, dan is het geen kunststukje. De bal vliegt bij die houding van jou veel harder het veld uit dan hij erin gekomen is. Het gaat dus voor de zoveelste maal om *de houding van het lichaam*. Steek je been nog maar eens gestrekt uit, hel op het moment dat de bal op je wreef valt achterover (foto's 49 en 50). Daar gaat ie. De bal vliegt over je hoofd heen naar de medespeler, die je vóór de handeling vrij achter je wist en die uit de ingooi met geen mogelijkheid te bereiken was. Hoe je de richting bepaalt? De bal volgt altijd de baan waarin je staat. Het gaat er dus maar om te gaan staan in de richting die de bal moet volgen. En de afstand? Eenvoudig – als je de bal hárd raakt komt hij verder dan bij een lichte aanraking.

Een wenk aan de ingooier zelf: werp de bal bij voorkeur niet naar het midden van het veld. Doe dit alleen als je de volle zekerheid hebt dat er geen gevaar dreigt. Loopt daar een handige voetballer van het formaat Bosselaar, waag je er dan nooit aan. Hij pikt dat graantje té graag mee. Maak er maar (voetbal)regel van de bal langs de lijn én naar voren te werpen. Het is de veiligste weg!

LES 25 *Strafschop: doe laconiek en schiet serieus*

België-Nederland, de belangrijkste match van het internationale voetbalseizoen! De Belgen zijn in de aanval, maar zien toch geen kans Piet Kraak te passeren. Onze verdedigers weten van geen wijken. Tót een van hen een overtreding begaat. Strafschop tegen Oranje. Eindelijk kan België een goal maken. Jef Mermans neemt zijn aanloop, hij is doodnerveus en schiet keihard... over het Nederlandse doel. Tóch geen goal voor de Belgen!

Er zijn in interlandwedstrijden meer strafschoppen niet benut. De Brazilianen faalden zelfs tweemaal toen zij in een wedstrijd tegen Engeland (mei 1956) twee penalty's kregen toegewezen. En dankzij een door Zwitserlands aanvoerder gemiste strafschop won Nederland in september 1956 toch nog met 3-2 van de Helvetiërs!

Een strafschop benutten is moeilijker dan het lijkt. Als je alleen bij de witte stip, op elf meter afstand van het 'hart' van de doellijn, staat en je weet dat, zoals in een interlandwedstrijd, 65.000 paar ogen op je gericht zijn, dan draag je een grote verantwoordelijkheid. Je voelt je een tikje onbehaaglijk. Stel je voor dat je zou missen... Wie dat allemaal bedenkt op zo'n moment moet de strafschop maar niet nemen. Deze man mist het zelfvertrouwen dat nodig is voor de penaltyspecialist. Die specialist is hij die zich van zijn omgeving niets aantrekt, die bij voorbaat weet raak te zullen schieten en die inderdaad een glaszuiver schot in zijn schoenen heeft. Hij moet volkomen zeker zijn van zijn zaak.

Neem een strafschop serieus. Gooi er niet met de pet naar. Begin met de bal zélf neer te leggen op de witte stip. Dat is het werk van de speler. De scheidsrechter wil zich hiermee wel eens bemoeien, maar hij heeft er slechts op te letten dat je niet een decimeter van de afstand 'pikt'. Meer heeft hij er niet mee te maken.

Jij zelf legt de bal goed neer en zorgt er altijd voor dat het deel waarin de veter zit (of de 'toegang' naar de binnenbal) naar het doel komt te liggen. Je hebt een heel vlak nodig om de bal goed te kunnen raken. Niets belemmert je om de bal nog wat beter neer te leggen, nadat de fluitist al voor het nemen van de strafschop heeft gefloten. Je mag het leer ook dan nog rustig met de handen aanraken. Het spel blijft namelijk, alle scheidsrechterlijke signalen ten spijt, 'dood'. Het spel is pas hervat nadat de bal een volledige omwenteling heeft gemaakt.

De doelverdediger is in het nadeel. Terwijl de man die de elfmeterschop zal nemen veel vrijheid heeft, mag híj bitter weinig: meneer moet op de doellijn staan en mag beide voeten niet bewegen tussen het ogenblik waarop gefloten wordt en het moment van schieten. Hij mag alleen de romp draaien. Het is echter maar de vraag of hij dit kan zonder zijn voeten te verzetten. Alles dus in het voordeel van jou, de man die de strafschop in een doelpunt moet omzetten (met de nadruk op moet!). Je hoeft geen haast te maken, schiet als het *jou* gelegen komt. Ga bovendien wat laconiek achter de bal staan. Doe alsof het hele geval je niet interesseert. Heus, het is niet nodig om een paar meter bij het leer vandaan te gaan en een aanloop te nemen. Die aanloop heeft niets om het lijf. Je schiet daardoor nauwelijks harder, maar beslist wél minder zuiver. En het komt bij het nemen van een penalty juist alleen op een *zuiver* schot, een zuivere inzet aan.

De wetenschap dat de meeste doelverdedigers naar links minder goed uitvallen en met hun linkerhand ook minder

kunnen doen dan met hun rechtervuist, is een nieuwe aan-
wijzing. Je moet de bal dus bij voorkeur links van de keeper
knallen. En over de grond! Je schiet dus met de binnenkant
van de rechtervoet.

Op deze manier – zonder omwegen – zijn enkele varia-
ties mogelijk. Ik heb er altijd weer plezier in om de doelverdediger te laten vallen naar de hoek waarheen de bal
niet zal gaan. Het is me bijvoorbeeld gelukt in interlandwedstrijden tegen Finland en Denemarken. Elke keeper
rekent op een schot in zijn linkerhoek, wanneer je het lichaam duidelijk in die richting brengt. Hij valt al naar links
op het moment dat jij de wreef tegen de bal brengt en... in
zijn rechterhoek schiet. Hetzelfde bereik je door de binnenkant rechtervoet vlak voor het schieten door te schuiven, de schoenpunt opzij te brengen naar het doel toe en de
bal weg te 'sturen' in de richting die tegengesteld is aan de
lichaamshouding. En wat weerhoudt je de voet, op het moment waarop je zou schieten, even stil te houden, de keeper te laten duiken en dan kalm in de andere hoek te schieten? Als je mist mag je de strafschop nog overnemen ook,
want de doelman heeft zich bewogen voordat je schoot (foto 51).

Kick Smit presteerde het in een interlandwedstrijd een
penalty te nemen met de buitenkant schoen. Hij ging recht
voor de bal staan, raakte de bal onderaan en gaf een boogballetje weg, dat hoog in de hoek doel trof. Aanbevelens-
waardig lijkt mij deze methode niet. Zij geeft geen absolute zekerheid zoals een schot over de grond, vlak langs de
paal.

Een strafschop leent zich voor een grapje dat de doelverdedigers haten. Haal de keeper uit zijn concentratie. Op het

ogenblik dat hij door een voetbeweging van je een schot moet verwachten, buig je je voorover. Je laat het voorkomen het leer nog even beter te willen leggen door beide handen ernaartoe te brengen (foto 52). Hou de doelman in het oog. Zie je dat hij hierop reageert door zich te ontspannen dan punter je het leer langs hem (foto 53).

Laat hij zich niet afleiden? Wel, dan neem je de bal werkelijk in de handen en leg je hem wat anders neer. Maar ik wil erom wedden dat de keeper zich om de tuin laat leiden en verveeld onder de lat gaat staan. En dan grijpt hij onherroepelijk naast de bal. Goal!

Honderd goals!

Ik vraag mij af of het niet overbodig is een voorwoord te schrijven voor dit boekje. Maar het is een goed ding te kunnen vaststellen dat een speler van deze tijd zwart op wit uitdrukking wil geven aan 'zijn' voetbal, dat zo rijk aan ideeën is – het voetbal dat reeds jarenlang de scharen tot geestdrift brengt.

De alchemisten van de Middeleeuwen hebben hun geheimen meegenomen in hun graf. Abe Lenstra onthult ons echter zijn geheimen, terwijl hij nog volop actief is. Dank je Abe!

ELEK SCHWARTZ
Bondscoach KNVB

Een goede voetballer maakt doelpunten of hij voorkomt ze. Voor mij, die gewend is in de aanval te spelen – in het Nederlands elftal heb ik nu op álle plaatsen in de voorhoede gestaan – ligt de nadruk op het scoren van goals en het scheppen van kansen voor anderen.

Het mag u dan ook niet verwonderen dat de lessen, verzameld in dit boekje, vóór alles ten doel hebben de productiviteit op te voeren. Zij bevatten aanwijzingen voor hen van wie wordt verwacht dat zij ráák schieten.

Zijn doelpunten belangrijk? Men zegt wel eens van niet. Ik zie het anders: voltreffers geven kleur aan elke match, vooral wanneer ze ook nog van goede kwaliteit zijn.

Men moet niet alleen weten hoe onder verschillende omstandigheden de 'kroon op het werk' kan worden gezet. Even belangrijk is wat meer kennis van zaken over het positiespel en de combinaties, die ten slotte tot de scoringskansen kunnen leiden. Ik heb getracht, op grond van ervaringen, opgedaan in club- en interlandwedstrijden, ook over deze onderwerpen iets te zeggen waarmee álle voetballers hun voordeel kunnen doen.

Evenals bij het samenstellen van het boekje *Voetballen doe je zó*, waarin vooral technische tips werden gegeven, was de journalist Bert Pasterkamp mij behulpzaam bij de compositie van de tekst. Samen hebben we weer langdurig van gedachten gewisseld over de aanvallen die moeten leiden tot *Honderd goals!* Moge het resultaat zo zijn geworden dat u zegt: dit boekje is een bijdrage tot beter én productiever voetbal.

Ik hoop het en wens mijn 'leerlingen-per-boekje' een... Oranjeshirt toe!

ABE LENSTRA

Ik weet het niet! Ik kan met geen mogelijkheid zeggen hoeveel doelpunten ik in mijn ruim dertig voetbaljaren heb gemaakt. Een schatting? Misschien waren het er duizend. Het kunnen er echter ook wel tweeduizend zijn geweest. Veel doet het aantal er ook niet toe. Des te beter weet ik overigens dat goals heel belangrijk zijn. De man die ze onder alle omstandigheden kan fabriceren, is veelal de matchwinnaar.

Bij mijn lessen die over het scoren van doelpunten zullen gaan, zal ik zo veel mogelijk voorbeelden uit de praktijk aanhalen. Mijn goals in interlandwedstrijden tegen Duitsland en Zwitserland (beide gespeeld in 1956) kunnen voor velen wellicht goede voorbeelden zijn. Ik zal echter ook nog wel eens iets vertellen over doelpunten die ik... tien jaar en langer geleden mocht maken. Er zijn erbij die ik nooit van mijn leven zal vergeten.

De roos treffen, de bal tussen die twee houten palen door en langs de keeper werken, is kennelijk niet zo eenvoudig. De wekelijkse beschouwing van de uitslagen bewijst dat de meeste aanvallers er nogal wat moeite mee hebben. Mag ik zeggen: te veel moeite? En... is het eigenlijk niet triest, dat zekere Lenstra op 35-jarige leeftijd nog topscorer was in de eredivisiecompetitie? Eerlijk gezegd: toch wel. Men had mogen verwachten dat jongeren die 'kroon' al veel eerder

van zijn hoofd hadden kunnen stoten. En dan te bedenken dat die Lenstra op een binnenplaats staat. Buitenspelers krijgen toch echt meer kansen.

'Het stopperspilsysteem is de oorzaak van de toenemen-
de improductiviteit,' heb ik honderden keren horen beweren. Ik kan de in deze uitspraak neergelegde gedachte
niet volledig volgen. De verscherpte bewaking die voort-
vloeit uit het sss, heeft haar invloed op het aantal doelpunten. Ongetwijfeld. Maar niemand zal kunnen tegen-
spreken dat elke voorhoede (ondanks dit sterk verdedigende systeem) nog ruim voldoende kansen krijgt. Alleen,
en dit is het kernpunt, men weet die kansen niet te benutten.

Dat er zo weinig goals worden geproduceerd kan mijns
inziens zeer beslist niet uitsluitend worden geweten aan
het sss. Wij moeten de oorzaak vooral zoeken bij de tientallen voetballers zélf, van wie te velen zelfs voor open doel
nog falen. Zij schieten maar raak, denken kennelijk: als ik
een harde trap geef, zit-ie wel, en bereiken dan dat de bal
of huizenhoog over of ver naast gaat.

Hoe is het mogelijk, dat hij hem er niet in krijgt? Ik vraag
het me herhaaldelijk af. Enige tijd geleden zag ik een wedstrijd van een lager elftal in Enschede. Een van de jongens
kwam frank en vrij voor het door de keeper verlaten doel.
Hij kon op de grond gaan liggen en de bal in het doel bla-
zen... Niks hoor. De midvoor richtte, vuurde een 'kanons-
kogel' af en schoot ver naast. Hij had op het moment dat
van hem alleen maar beheersing vroeg, niet door dat een
klein tikje voldoende was.

Een ander geval – het speelde zich eveneens in Enschede
af, nu in een wedstrijd van een hoog elftal tegen een Duitse

club. De voorhoede van de Duitsers sneed prachtig door de verdediging van de Enschedeërs heen. Een man kwam in zijn eentje voor de uit positie gespeelde en op de grond liggende keeper. Hij had de bal maar met de buitenkant of binnenkant schoen in de onbeschermde doelhoek te duwen. De Duitser geloofde echter niet in zijn, toch niet bescheiden, capaciteiten. Hij keek nog eens even hoe die keeper wel lag, deed een stap terug en een opzij en... vond, toen hij eindelijk wilde schieten, een snel teruggekomen back tegenover zich. Het werd geen doelpunt!

Kom, wij gaan samen de maandagse uitslagenlijst een forser en beter 'gezicht' geven. Je behandelt van nu af de zaken serieuzer, wanneer zich weer kansen op goals voordoen. Je beheerst je op die momenten, je zorgt voor de goede afwerking en je wéét wat je gaat doen.

Uitkijken en seconden tellen – daar draait veel om. Een doelpunt hangt af van een kleinigheid, maar vooral van jouw aandacht, jouw oplettendheid. Je moet precies het goede moment voor je beslissende handeling kiezen. Het is, ook voor jou, aanvaller, een kwestie van op tijd en snel reageren.

Enkele voorbeelden.

Ik heb de backs van mij afgeschud en loop nu, vrijwel ongehinderd, op het doel af. Alleen de keeper staat me nog in de weg. Hij is niet zo onverstandig om tussen de palen te blijven staan (het zou een koud kunstje zijn om hem te passeren als hij het wél deed), maar loopt uit en komt mij tegemoet.

Uitlopende doelmannen zijn lastige tegenstanders. In hun afweeractie zit echter altijd één zwak punt. Dat is dit: zij moeten... lopen, zij moeten enkele stappen doen. En heb je ooit wel eens iemand gezien die op het moment van stappen van richting kon veranderen? Ik denk van niet. Hij kan ook, als zijn been boven de grond zweeft, niet uitvallen! Daarvan moet ik profiteren. Op het ogenblik dat hij van de ene stap in de volgende zal overgaan (een onderdeeltje van een seconde!), verander ik razendsnel van richting, speel de bal en maak van de doelverdediger een geslagen man.

Moeilijk? Heus, ik zie altijd weer wanneer de kans schoon is voor een plotselinge wijziging in mijn actie. Die halve seconde, meer tijd krijg ik niet, geeft me precies de gelegenheid die nodig is om de uitlopende keeper 'bij het been' te nemen. Omdat ik van tevoren al weet dat die gehalveerde seconde komt. Ik ben erop voorbereid.

Er zijn ook doelwachters die – uitlopend – met hun bovenlichaam zwaaien. Zij lopen een rechte lijn, maar hun romp draait van links naar rechts. Het is de bedoeling van deze 'slangenbezweerders' de solist-aanvaller van de wijs te brengen. Ze mogen het proberen, maar... mij en, na vandaag, jou vangen ze niet meer. Ook in deze manier van uitlopen zit namelijk een zwakke schakel. Juist dat bewegen maakt de keepers kwetsbaar. Moet je de bal links van hem plaatsen als hij juist even naar rechts is gedraaid? Nee! Op het moment dat jij schiet is de keeper weliswaar aan zijn linkerzijde zwak gedekt, maar in de tijd die de bal nodig heeft om van je voet in zijn richting te lopen, zwaait hij precies naar links. Hij valt als het ware in je schot. En... hij moet ernaast vallen. Je plaatst daarom de bal in de richting van zijn linkerzij, juist als het lichaam naar die kant overhelt. Je bereikt dat de bal hem passeert op het ogenblik dat hij zijn lichaam naar rechts overbrengt.

Uitgekookt? Ja, dat moet je beslist zijn als je doelpunten wilt maken. Het is werkelijk elk onderdeel van een seconde benutten, althans het juiste onderdeel. Voetballen is, vergeet het nooit, hersenwerk!

LES 2 *Zó neem je de keeper bij de neus!*

Doelpunten! In elke wedstrijd maak ik er liever twee dan één. Het geeft mij altijd voldoening na het laatste signaal van de scheidsrechter voor mezelf te kunnen vaststellen dat ik weer enkele malen een keeper bij de neus heb genomen. Wanneer we tenminste gewonnen hebben!

Een keeper bij de neus nemen dan wel door listigheidjes van de kook en uit positie brengen is veelvuldig nodig. Het betekent meestal de basis leggen voor een treffer. Waarbij het er uiteraard niet toe doet of een medespeler dan wel jijzelf ten slotte het beslissende schot geeft. In de meeste gevallen is het zelfs zo, dat je, na zo'n listigheidje te hebben geëtaleerd, een ander in de gelegenheid *moet* stellen de foute reactie van de doelman af te straffen.

Die uitlopende keepers! In de vorige les heb ik vrij uitvoerig verteld welk moment het gunstigst was voor een handeling bedoeld om de bal langs de keeper (over de grond of op borsthoogte) in het doel te brengen. Maar wat let je om het leer *over* hem heen te plaatsen? Maak er toch, bij voorkeur, een *boogballetje* van! Als de doelman niet al te dicht bij je is gekomen moet je het op deze manier zeer beslist proberen. En voor een boogballetje is geen heksentoer nodig. Je schept het leer door het eenvoudig van onderen te raken. Je lepelt de bal als het ware over de tegenstander heen, wanneer je er tenminste aan denkt het bovenlichaam iets naar achteren te brengen. Maak er géén schot van. Raak het leer maar heel even aan. Dat is voldoende om het bruine monster over de doelman te tillen en onder de lat door tegen het houten doelschot te laten vallen. Heb je er bezwaar tegen dat de bal zijn boog beschrijft pal over de doelman heen? Vind je dat de doelman dan, hoog opspringend, toch nog een kans zou hebben om er zijn vingertoppen tussen te steken? Kom, kom, dan moet het wel een wonderdoelman zijn. En een hele lange!

Maar goed, je krijgt je zin. We zullen zelfs met dit 'storingskansje' rekening houden en dit minieme gevaar volledig uitschakelen. We maken er bewust een *draai-boogbal* van.

Dat gaat zo...

De keeper staat vrij ver voor zijn doel en van hem weten we dat zijn linkerarm, inclusief hand, minder sterk ontwikkeld is dan zijn rechterarm. (Bij acht van de tien doelverdedigers is dat zo!) Dat is een reden temeer om de bal, alweer om grotere zekerheid te hebben, langs zijn linkerkant te laten draaien. Beter gezegd: de bal moet links van hem *over* hem heen draaien. Nou, dit gebeurt wanneer je het leer nu in plaats van met de hele, met de halve wreef speelt. Weer raak je de bal aan de onderkant en wel geheel links. De ene helft van de schoen staat eigenlijk naast en de andere helft tegen het leer. Denk aan de lichaamshouding: de romp hangt ietwat achterover.

Wat doet de bal? Kijk maar. Al draaiende maakt hij een 'dubbele salto'. Hij beschrijft weer de boog (van de schoen af, de lucht in, over de keeper heen op de grond), maar 'buigt' tijdens het afleggen van de weg over het denkbeeldige viaduct eerst af naar rechts van jou (van de keeper links) en daarna naar binnen om – naar we bij een goede uitvoering kunnen aannemen – langs de staander neer te vallen.

Zo, dat was dat. Misschien is het nog zoiets als een mysterie voor je, denk je aan een of andere magische truc en peperduur koffiedik. Eerlijk, dat gevoel heb ik destijds ook gehad. Ik voelde echter, toen ik als jonge knaap van alles en nog wat met de bal probeerde te doen, dat zo'n draaiboogbal mogelijk was. Daarom ging ik er eens over denken hoe dat nu wel te bereiken was. (Het was voor mij nu eenmaal een plezier om gekke dingen te doen met de bal.) Ik vond de oplossing pas werkelijk bij het uitproberen op het veld en het experiment – dat was het – lukte mij niet eerder dan na honderden uren serieus trainen op dit ene punt.

Sta me toe hieraan nog iets toe te voegen over het oefenen van de jongens in de huidige tijd. Het lijkt er niet op! Ze staan op schoolpleinen en op trottoirs maar tegen een bal aan te trappen. Ze spelen het liefst een partijtje-tegen. Daarvan kan het echter niet komen, omdat ze dan uitsluitend datgene doen wat ze al lang en breed kunnen. Laten ze toch hun vrije tijd en de bal gebruiken om hun individuele tekortkomingen, die ze zelf heel goed kennen, te overbruggen. Ze dienen in hun eentje te trainen. Ze moeten pogen te leren wat zij nog niet kunnen en speciaal dat wat hun in de voorgaande wedstrijd is mislukt. Men – ook de begaafde! – moet er wat voor over hebben om een échte goede voetballer te worden.

De dokter heeft me geadviseerd: 'Maak je niet kwaad!' Daarom voorlopig geen woord meer over de waardeloze partijtjes. Er is nóg een reden voor mij om rustig te blijven. Ik sta namelijk op het punt om een goal te scoren en dat lukt nooit in een boze bui. Je moet, staande voor het doel van de tegenpartij, altijd heel erg rustig zijn en je zinnen bij elkaar hebben. Tussen haakjes: beschouw dit als een goede raad.

Dat doelpunt dan – hier komt het. Onze rechtsbuiten – we noemen hem maar Gerrit – passeert prachtig zijn tegenstander en zwenkt op de goede manier naar binnen. De doelman verwacht een schot van de oplopende vleugelspeler. Hij staat opgesteld in zijn linkerhoek, omdat hij hier zijn heiligdom op verreweg de beste wijze kan afschermen en omdat aangenomen mag worden dat de rechtsbuiten een schot in die richting zal wagen. Met de rechtsbuiten ben ik – dat is de natuurlijkste zaak van de wereld – mee naar voren gekomen. De situatie is voor mij als linksbinnen vrij gunstig. Alle tegenstanders denken vrijwel alleen aan de rechtsbuiten, die 'toch wel zal schieten'. Hij mág het niet doen en hij doet het niet. Op mijn: 'Gerrit!' schuift de rechtsbuiten het leer naar mij toe. Een verrassing voor de verdedigers! De doelman krijgt de schrik van z'n leven en rent naar de andere hoek, waar de bal... niet zal komen.

Op mijn klompen kon ik aanvoelen dat de keeper aldus zou reageren. Het stond bij voorbaat vast dat hij alsnog zou trachten z'n rechterhoek af te schermen. Ik schiet dus *niet* in die nu nog vrije hoek, maar in de hoek die direct vrij zal komen en daarmee in de richting van de... doelverdediger. Dat die man er op het moment van 'aanleggen' staat, maakt niets uit. Direct is hij, volgens zijn eigen plannen, weg en de bal komt precies op de plaats waar de keeper net niet meer te vinden is.

Wim Kan zou zeggen: 'Koppie, hè!'

LES 3 *Schud een paar tegenstanders van je af en...*

Zelfs de meester kan missen! Dat staat als een paal boven water. Neem het mij dan niet kwalijk als ik ook wel eens een kans om zeep breng. Het is mij, tot m'n eigen verdriet, driemaal overkomen in de wedstrijd tegen Zwitserland (15 september 1956). Nog erger was het echter dat ik in het Amsterdamse Stadion tegen... Oostenrijk faalde. Dat was een complete ramp.

Die uitdrukking van de missende meester heb ik overigens meer nodig om duidelijk te maken dat iemand die meer naast dan voor doel staat en zelf moet (of wil) schieten, mág missen. Dat zijn moeilijke kansen. Een schot uit zo'n ongelukkige hoek is in wezen niet meer dan een *poging* om er althans iets van te maken. De enige raad die ik geven kan, is: schiet maar *keihard*. Dan is de trefkans, hoe klein zij blijft, in elk geval nog iets groter dan bij een zacht, beheerst schot.

In Heerenveen heb ik vrij lang samengespeeld met Marten Brandsma. Het lukte hem nogal eens om uit onmogelijke posities, tussen doel en hoekvlag en een metertje voor de lijn staande, de bal in het net te kanjeren. Ik dacht dat er nogal wat geluk bij kwam. Als ik Marten vroeg *hoe* hij de bal gespeeld had en wáár hij hem toch geraakt had, antwoordde hij altijd: 'Je doet je ogen maar dicht!' Brandsma deed echter zijn ogen nooit dicht. Hij wist wat hij deed en zorgde ervoor dat de bal in de verste hoek belandde en via de onderkant lat achter de doellijn verdween.

Het zal wel zo geweest zijn dat Brandsma de bal goeddeels onderaan raakte. Van een draaibal was geen sprake. Daarvoor waren zijn schoten véél te hard. Draaiballen kunnen nooit zo hard zijn als die Brandsma-kogels waren.

Mag een man die er zo slecht (vlak bij de doellijn) voorstaat, op doel schieten? Neen! Het is fout om het te proberen. Van de honderd keer zal het negenennegentig maal
misgaan. De kans is te klein. Van dergelijke plaatsen af mag
de bal met de binnenkant schoen alleen maar voor het doel
getrokken worden op de opkomende binnenspeler of midvoor. Deze mensen staan altijd weer gunstiger voor de goal
en hebben een veel groter doelvlak voor zich. Als zij eens
wat minder gelukkig zijn met plaatsen, wordt het misschien
toch nog een doelpunt. In elk geval: de scoringskansen zijn
voor hen groter. Ter wille van hen – en alle anderen – wil ik
nog uitdrukkelijk zeggen dat *harde* schoten moeilijk zuiver
kunnen zijn. Ze zijn om die reden vaak uit den boze. Schoten op het doel moeten altijd precies zijn. En deze kunnen
slechts het resultaat zijn van volkomen beheerste, afgewo-
gen handelingen.

Nogmaals – het gaat niet om kanonskogels, laat ze ach-
terwege. Schenk meer aandacht aan de juiste richting.
Wéét waar je de bal raakt en offer de nauwkeurigheid niet
op aan de ongewenste vaart.

Terug naar die situaties in de buurt van de doellijn. Het is
mij enkele malen gelukt uit zo'n abnormale positie, waarbij ik praktisch *op* de lijn (tussen doel en cornervlag) liep,
toch rechtstreeks een goal te maken. Niet met behulp van
Brandsma-kogels, wel door... listigheidjes.

Het was in mijn eerste wedstrijd voor Sportclub Enschede en wel in Almelo tegen Heracles. Mijn overkomst
stond al vast. Toch wilde ik bij mijn debuut dolgraag een
goede beurt maken. Het leek me toe dat de Enschedeërs
daarop wel recht hadden. En het lukte. Ik maakte een van
de mooiste doelpunten uit mijn carrière.

Ik bevond mij op een afstand van ongeveer zeven meter links van de doelpaal. De bal hing aan mijn schoen. Tussen de palen stonden een doelman en een back, vlak naast elkaar. Een van mijn medespelers – ik geloof dat ik z'n naam nog niet eens kende – stond vrij gunstig opgesteld. Een pass van mij, waardoor de bal hem werd toegeschoven, lag in de lijn der verwachtingen. In dat toeschuiven zat echter enig gevaar. De mogelijkheid bestond dat de naar voren komende back het leer zou onderscheppen. Hij rekende mij te veel op de voor de hand liggende combinatie. En... ik moest hem in de waan laten dat hij echt nog een kans had.

Wat gebeurde? Nogal nonchalant, althans zo scheen het, speelde ik de bal van mij af met de *buitenkant* schoen. Vrij hard zelfs. Die gaat naar die andere Enschedeër, moeten de Heraclieden (en waarschijnlijk mijn clubgenoot) hebben gedacht. Zij zaten ernaast en stonden ten slotte ook volkomen naast de bal. Het leer *draaide*, na aanvankelijk werkelijk in de richting van die vrijstaande clubgenoot te zijn gelopen, in een boogje voor de twee Almeloërs langs en tussen keeper en paal door in het doel. De twee verdedigers stonden vastgenageld. Ze konden beiden geen been verzetten. De verrassing van de manoeuvre was voor hen te groot.

Ik heb al eens verteld op welke manier je dit misleidingstrucje dient uit te voeren. Het was ook hier het veelbesproken 'aaitje' dat het 'm deed. Ik haalde – ditmaal nogal vurig – de buitenkant van mijn linkerschoen langs de bal. Iets boven de grond raakte ik het stuk leer. De 'aanhaling' begon aan de linkerzijkant, waarna de schoen doorschoof naar het middelpunt van de bal. Het gevolg – dat moet men nu wel kennen. Vraag het ze anders maar in Almelo!

Nog een andere manier laat zich gebruiken om de bal ook uit een slechte positie in de goal te krijgen. Die komt hierop neer: neem de bezwaren weg door een... gunstiger 'stelling' te veroveren. Met andere woorden: blijf niet bij de doellijn, loop door, schud een paar tegenstanders van je af, tast in je arsenaal van schijnbewegingen en neem dan, eenmaal vlak voor doel, ook de keeper nog even in de boot. Alles bij elkaar is dat nogal wat. Maar het is te doen!

Heerenveen speelde thuis tegen Go Ahead. Het is dus jaren geleden. Ik kreeg de bal vlak bij de doellijn, ook ditmaal op de linkervleugel, te pakken. Wat moest ik ermee doen? Trekken? Veel zag ik er in de gegeven omstandigheden (meer tegenstanders dan medespelers) niet in. Een trap in het wilde weg, in de hoop dat het leer toevallig toch nog bij een clubgenoot zou komen? Je moet niets aan het toeval overlaten als het anders kan.

Twee Deventenaren versperden mij de weg naar het toch zo dichtbij staande doel. Zij moesten uit mijn route gelokt worden. De eerste was snel weg. De schaarbeweging bracht hem van de kook. Hij verwachtte een pass langs zijn linkerbeen, stapte naar links en ik kroop tussen hem en de lijn door. Tegenstander nummer twee stond als een tolboom tussen de paal en mij. Na mijn heupbeweging naar rechts schoof de boom opzij – deze Go Ahead-speler trapte op zijn beurt in het valletje en sprintte van het doel weg. Dank u!

Zo kwam ik bij de eerste paal. Edoch, daar bevond zich obstakel nummer drie, de goed opgestelde doelman. Hij vormde eigenlijk het grootste probleem. Een keeper mag zich nu eenmaal laten vallen en de bal met zijn handen van je schoen afhalen. Hij is er niet aan toegekomen... Ook hem kreeg ik in mijn bootje door een snelle schijnbeweging. Ik deed het voorkomen de bal met de binnenkant schoen voor het doel langs naar een clubgenoot te zullen spelen. Prompt liet de wachter zich voorovervallen om het leer te onderscheppen. De bal kwam echter 'toevallig' niet langs de plaats die de doelman zich gedacht had. Het leer bleef bij mijn schoen liggen, doordat mijn voet op het laatste moment achter de bal om ging. Een rustig tikje met de *buitenkant* schoen was toen goed voor een doelpunt.

Probeer het ook zo te doen!

LES 4 *Hoge voorzetten – rond ze ineens af*

Nog meer doelpunten! Waarom niet? Zolang het maandagse uitslagenstaatje in de krant er zo sober uitziet, is het beslist geen luxe om steeds weer te hameren op hetzelfde aambeeld: de bal moet tussen die twee palen en onder de lat door! Eigenlijk zijn die kolommen vol met voetbaluitslagen in de trant van 0-0, 1-0, 1-1, 1-2 (zo zien de meeste er helaas uit) niet eens belangrijk. Heel andere overwegingen maken ons duidelijk dat het maken van veel goals een gewichtige zaak is.

Hier is er één van: een wedstrijd zonder doelpunten of met slechts een heel enkel raak schot is in de meeste gevallen niet aantrekkelijk – dat is een kleurloos gebeuren. Men spreekt dan van 'de spanning, die veel goedmaakte'. Een enkele keer ook van ''t spel dat toch zo goed was'. Om dat laatste moet ik altijd erg hard lachen. Hoe kan het spel nu werkelijk goed geweest zijn, als het tot géén of slechts één doelpunt heeft geleid? Daar moet toch nog wel het een en ander aan gemankeerd hebben. Niemand maakt me wijs dat er in diezelfde wedstrijd minder dan vijf kansen zijn geweest.

Voor het geval je er in de komende ontmoeting van je club gelegenheid voor hebt: tel eens op hoeveel scorings-kansen – de twijfelachtige mag je buiten beschouwing la-ten – er niet benut zijn. Kijk, van niemand mogen we eisen dat hij ze allemaal benut. Triest wordt het echter wanneer je van elke twee kansen er minder dan één in een doelpunt omzet.

Enfin, het zal met het benutten van kansen straks wel beter gaan. Degenen die in staat zijn om in de praktijk van mijn aanwijzingen gebruik te maken, kunnen bepaald scherpschutters worden.

Wat doe je met ballen die uit voorzetten hoog voor het doel komen? Het antwoord hangt af van de omstandighe-den waaronder een hoge bal je bereikt. Vooral van deze: bevinden zich veel tegenstanders in je buurt en op welke hoogte komt de bal bij je? Je kunt veilig aannemen dat in de meeste gevallen verdedigers (backs, spil en althans een van de kanthalfs) voor het doel zwermen. Dit betekent dat je geen gelegenheid krijgt om de bal af te stoppen en fijn voor je voet te leggen. Die gelegenheid heb je echter ook niet nodig. En die 'zwerm' van tegenstanders interesseert je evenmin als je... ja, *als* je tenminste in staat bent de hoge voorzet ineens af te ronden.

Het kan. Prima zelfs. Je neemt eenvoudig een bal-in-zijn-vlucht op je schoen. Je laat het leer niet op de grond komen, stopt het niet af, maar zet gewoon je wreef eron-der. Bij uitzondering – het is een van de weinige keren dat dit is toegestaan – wordt het een keihard schot. Van zuiver-heid is dus geen sprake. Dat is nu ook niet nodig. Zelfs als de bal vlak langs hem gaat heeft de doelman er geen kijk op.

1

2

Foto 1: *Schoen ietwat schuin, met de binnenkant als laagste punt* (les 4). Foto 2: *Vang de bal op met de binnenkant schoen en breng hem zo onder controle* (les 4).

3

4

Foto 3: *Dropkick. Bal ligt half op de grond, half op de schoen. Je raakt hem aan de zijkant en niet van onderen. Schiet zonder aarzeling ráák* (les 5). Foto 4: *De sliding in beeld; de linkerknie op het veld en de rechtervoet achter de bal* (les 7). Foto 5: *Draai rond met het leer aan je voet* (les 7). Foto 6: *en loop er gewoon mee weg. De tegenstander is een geslagen man* (les 7).

5

6

Of die sliding die ik in les 7 beschreef, ook nuttig is! Tegen de Duitsers maakte ik op 14 maart 1956, in Düsseldorf, dit doelpunt. Ik duwde de bal, na ernaartoe te zijn gegleden, als het ware in de goal en zo, dat back en doelman er net niet bij konden.

8

7

Foto 7: *Voordat de bal op de grond komt zit de linkerschoen er half achter en half onder. Zo bereik je dat hij laag blijft* (les 8). Foto 8: *Rechtervoet komt met de binnenkant op het veld te staan. Een ingehouden dropkick* (les 8).

Goal! Helaas, het was de enige keer dat ik de Oostenrijkse doelman Schmied in het Amsterdamse stadion kon passeren. Daardoor bleef het op 25 september 1957 bij een gelijkspel (1-1). We gingen niet naar het wereldkampioenschap in Zweden...

Foto 9: *Laatste actie van de wandeling naar het vijandelijke doel. Laat de bal kalm van je voorhoofd vallen* (les 9). Foto 10: *en zorg ervoor dat hij met de zijkant van de wreef getrapt kan worden. Hij volgt dan een vrijwel rechte lijn* (les 9). Foto 11: *Een gewone hoekschop, waarbij de bal aan de onderkant wordt geraakt met de binnenkant wreef* (les 14).

9   11

Foto 12: *Waag eens een inswinger! Bij een corner van links schiet je met het rechterbeen. Je raakt de bal weer aan de onderkant, maar nu iets terzijde en met de halve wreef. Hij draait op lathoogte het veld in, maakt een bochtje en verdwijnt sierlijk langs de paal* (les 14). Foto 13: *Dit wordt een 'zeilbal'. Hij gaat direct van de rechtervoet, die nu pal bij het leer staat, met effect in de richting van de goal en over de verdedigers heen. Omdat je hem half onderaan raakt. Probeer 't maar eens!* (les 15).

Hoe plaats je de schoen? Ik ben blij dat deze vraag bij je opkomt. Want daar komt het op aan. Het moet je duidelijk zijn dat de schoen *niet onder* het leer mag komen. De bal zou na zo'n handeling ver over het doel gaan, omdat je dan in feite schept of lepelt.

Doe het op de volgende manier. Je voet gaat met een flauw bochtje van je af en maakt een kwartslag naar binnen. De schoen komt dus ietwat schuin te hangen, met de binnenkant als laagste punt (foto 1). Dankzij deze stand kun je de op je toe vliegende bal met de wreef aan de zijkant raken (je drukt hem) en vrij laag inschieten.

Zo-even heb ik gezegd: het moet een keihard schot zijn. Laat ik eraan toevoegen: het wordt *vanzelf* een keihard schot. Immers, de bal komt in volle vaart op je af en aangezien je niet afremt, maar door een simpele voetbeweging de richting corrigeert, blijft die snelheid. Ze wordt zelfs, door de bescheiden aanraking, iets groter. Het is dus niet nodig om de wreef met een formidabele uithaal tegen het leer te plaatsen. Zorg er liever voor de wreef op de goede plek tegen de bal te brengen.

Nog iets: ga je niet staan afvragen of je die bal nu wel of niet op de grond zult laten komen en of je het zus dan wel zo zult doen. Beslis meteen: die neem ik in de vlucht op de wreef. Want in de seconde die jij nodig hebt om te... twijfelen, legt de bal meters af. Je hebt alle kans dat hij al op het veld van de buren ligt. Handel snel en doelbewust!

Bij de volgende hoge voorzet liggen de papieren voor de aanvaller een tikje gunstiger. Hij weet dat er geen tegenstander achter zijn rug staat. Vrees voor een onverhoedse sliding-om-een-hoekje (een volgend onderwerp!) behoeft hij niet te hebben. En het mannetje dat nog tussen hem en de doelman staat, op redelijke afstand bovendien, wordt wel uitgeschakeld door een schijnbeweging. De keeper trouwens ook...

De bal komt recht op je af. Vervelend. Waarom plaatst die buitenspeler hem nou niet vlak voor je? Niets aan te doen én het zal toch wel lukken om uit deze minder goede pass een te benutten kans te halen. Een poging is het in elk geval waard. Breng de bal om te beginnen onder controle. Vang het leer, dat nog zo'n halve meter boven de grond zweeft, met de binnenkant schoen op. Kijk uit! De schoenneus (Noord-Hollanders noemen dat het snuitje) bevindt zich maar enkele centimeters hoger dan de hak (kijk maar naar foto 2). Het been wordt gebogen. Niet strekken dus en niet stijf houden. Op het moment dat de bal tegen de binnenkant komt, haal je het been even terug. Je geeft mee en voorkomt daardoor dat het leer weer wegwandelt.

Omzwaaien – dat is de volgende handeling. Je moet met het gezicht naar het doel komen te staan. En de bal moet mee. Je duwt het leer, terwijl je – staande op het andere been – ronddraait, in de gewenste richting. Zie je, nu ligt hij afgeremd en toch niet 'dood' voor de voet waarmee je hem zo heerlijk onder controle hebt gebracht en omgeduwd. En jij, de technische grootmeester-in-de-dop, staat in de allerprettigste schietpositie.

Dat is waar ook, die back en keeper staan nog een doelpunt in de weg. Samen schermen ze het doelvlak uitnemend af. Je weet toch wel hoe je ze wég kunt krijgen? Laat het maar schijnen dat je de bal met de binnenkant schoen links langs hen zult spelen en stuur hem met de buitenkant schoen de andere kant op. Het publiek zal je toejuichen en nog lang praten over dit fantastische doelpunt!

LES 5 *Dropkick: de schoen is een halve brug*

Die voorzetten toch – waren ze maar allemaal op maat! Ik ken lieden die zich heilig voornemen de bal vóór het doel naar een medestander te plaatsen. Ze willen dat ook wel. Hun voorzetten worden echter regelmatig... schoten op doel. Slechte schoten, waarmee geen keeper moeite heeft, omdat ze gelost worden uit kansloze posities. Toch is het beslist niet moeilijk een voorzet op maat te geven. Als je maar nadenkt en kijkt welke medespeler er voor het doel het beste voorstaat en waar die man zich precies bevindt. Kijken, kijken en daarna pas doen. Maak er toch geen waardeloze schop-in-de-ruimte van. Plááts die voorzet! Zorg ervoor dat je medespelers niet moeten rennen om te proberen de bal nog te veroveren. Tien tegen één dat ze hem niet krijgen. De verdedigers zijn op voorhand in het voordeel, doordat zij met hun gezicht naar het leer toe staan. Met slechte voorzetten speel je hun in de kaart en tegen je eigen club.

Ik vlei mezelf met het idee – neem me niet kwalijk als ik het mis heb – in de wedstrijd Zwitserland-Nederland (15 september 1956 te Lausanne gespeeld) te hebben laten zien hoe je een goede voorzet kunt geven. Tinus Bosselaar van Sparta benutte dit 'model' in elk geval voor het scoren van ons derde en winnende doelpunt.

Staande op de linkervleugel, misschien twee meter van de hoekvlag, plaatste ik de bal door de lucht over een paar tegenstanders naar onze naar binnen gezwenkte en prachtig opgestelde rechtsbuiten. Het leer landde zo ongeveer op zijn prompt uitgestoken voet. Het was geen gewone voorzet. Dat niet. Ik liet de bal maar weer eens *draaien* en wel door hem links onderaan slechts met de halve wreef te raken. De halve neus lag, als het erop aankomt, nutteloos naast de bal.

Bosselaar had er geen zacht eitje aan. Draaiballen laten zich niet gauw onder controle brengen. Dat het hem lukte was een bewijs van zijn technisch vakmanschap. Hij liet het leer niet op de grond komen. (Dan zou de schoen van de Rotterdammer er vrijwel zeker naast gestaan hebben!) Hij nam de bal-in-de-vlucht op zijn wreef. Dé goede manier.

Na die wedstrijd heb ik ergens gelezen dat Abe Lenstra er verstandig aan zou doen wat minder technisch te gaan spelen en 'gewoner' te schieten. Hoe is het mogelijk! Nederland zou namelijk niet voor het eerst na 22 jaar van Zwitserland hebben gewonnen, wanneer ik aan Bosselaar een 'gewone' voorzet had gegeven. De Zwitserse linkshalf, die zijn hoofd ertussen stak, zou dan niet – zoals nu gebeurde – misgekopt hebben. Nu draaide het leer via de Zwitserse haardos door naar Bosselaar...

Onder bepaalde omstandigheden kunnen voorzetten-door-de-lucht niet op de centimeter af nauwkeurig zijn. Ik denk daarbij aan plotselinge windvlagen en een minder goede opstelling van de medespeler van onze 'voorzetter'. Nooit zal ik ook een clubgenoot kwaad aankijken als de bal uit diens voorzet iets te ver *voor* me neerkomt. Omdat je dan toch nog tot de goede afwerking in staat bent. Je kunt ook zo'n voorzet met een doelpunt bekronen. Dankzij het bestaan van de *dropkick*.

De meeste voetballers werken dergelijke voorzetten zonder overtuiging af. Ze geloven niet er iets van te kunnen maken, gooien hun geschoende voet nonchalant naar voren en hebben dan kans het leer nog te raken. Hun schoen komt echter *onder* de bal, met gevolg dat het bruine monster begint aan een luchtreis en ver over het doel tussen de jongens op de tribune terechtkomt. Waardeloos. Laten deze onbeheerste spelers het in het vervolg met een dropkick proberen. Je ziet vrij tijdig, feitelijk al op het moment waarop de medespeler aanlegt vóór zijn voorzet, dat de bal iets voor je zal neerkomen. Doe dus een stapje naar voren. Nu moet je snel, à la seconde, handelen.

Op het ogenblik dat de bal de grond raakt is daar ook je praktisch verticaal vlak boven het veld zwevende voet. Het lijkt erop dat je op je tenen staat. Meteen, zonder aarzeling, schiet je met de wreef. Ik doe het voor op foto 3. Daarop kun je tegelijk duidelijk zien dat de bal bij een dropkick half op het veld en half op de schoen ligt. Dat is een uitgesproken voorwaarde voor het slagen van de handeling. Doordat het leer aan de achterkant in de schoenholte tussen neus en wreef gevangen ligt kan het niet opspringen. De bal is volledig bedwongen.

Van veel belang is weer de lichaamshouding. Achteroverleunen? Dan zou je nooit van je leven de schietschoen vrijwel rechtstandig met de punt naar de grond kunnen richten. Het bovenlichaam komt dus naar voren. Die houding maakt het mede mogelijk de bal een onderdeel van een seconde vast te klemmen tussen grond en schoen.

Uitkijken, je ogen gebruiken! Waarschijnlijk zal ik dat in de volgende lessen nog zo'n duizend keer zeggen. Want voetballen is vooral *kijken*! Bij hoge voorzetten dien je zelfs met het ene oog op de bal en met het andere oog op de... keeper te letten. Je moet weten wat het leer doet, maar ook wat de doelman uithaalt. Die waarnemingen bepalen jouw handeling. Constateer je dat de doelman tussen de palen blijft staan? Nou, kop dan maar niet in. Laat de bal rustig op de grond vallen en breng hem daar in een ommezien volledig in je macht. Ik heb het voorgedaan in m'n boekje *Voetballen doe je zó*. Op dat afstoppen dient een schot over de grond te volgen, bij voorkeur in de uiterste hoek. Geen hard schot, wel een beheerste, zuivere treffer.

Voor de hand ligt overigens dat de doelman niet hokvast is. Hij loopt uit – zoals je hebt opgemerkt toen de bal nog onderweg was en jij de bedoeling had hem te onderscheppen. Fijn zo! Er is geen enkele reden meer voor jou om de bal op de grond te laten komen. (Een uitgelopen doelman schermt een te groot deel van het doel af.) Je neemt hem bij de neus door een kop-boogballetje af te geven. Je plaatst het leer gezellig over hem heen in het gans verlaten doel.

Hoe lukt het om de bal in een boogje over iemand heen te koppen? Niet door hard te stoten! Dat ten eerste. Evenmin door het voorhoofd er vol tegenaan te brengen. Het moet 'half werk' zijn, wil het goed werk zijn. 'Half werk' houdt in: stuur de bal weg door hem met het bovenste voorhoofdsdeel te koppen. Het hoofd gaat een tikje achterover, waardoor je een wat breder vlak creëert, vanwaar het leer gemakkelijker kan vertrekken. Toch maak je daar amper gebruik van. Je voorhoofd schampt feitelijk langs de bal tijdens de niet te felle jaknik.

In de wedstrijd van het voorlopig Nederlands elftal tegen Rot Weiss Essen misleidde de Duitse doelman mij. Toen ik, tijdens de vlucht van de bal, naar hem keek, maakte hij aanstalten om uit te lopen. Een kop-boogballetje, besliste ik in dezelfde tel. Hij kwam er echter niet uit en dat zag ik pas toen ik mijn hoofd onder de bal zette. Te laat. Ik kopte precies in zijn handen. Het zit me nog dwars dat hij me zo'n kool heeft kunnen stoven.

LES 6 *'Snoeksprongen' zijn vaak goed voor doelpunten*

In mijn jonge jaren keek ik heel hoog tegen hem op: *Bep Bakhuys*, dát was pas een voetballer. Geen enkele interland-wedstrijd ging voorbij of hij maakte een paar doelpunten. 'Ik wou dat ik nog eens een Bakhuys werd' was mijn wens in die dagen, die nu heel lang achter me liggen. Bakhuys kón er wat van. Hij maakte goals uit alle standen en uit de meest onmogelijke posities. Dat maakte indruk op mij. Nooit zal ik zijn 'snoeksprongen' vergeten die Oranje stee-vast doelpunten opleverden. Die waren fantastisch om te zien én nuttig.

De midvoor van het nationale team – hij werd door de toen nog amateuristische KNVB op de proflijst geplaatst en kon daarna niet meer in ons land uitkomen – maakte zijn 'snoeksprongen' om voorzetten op borsthoogte af te ron-den. Wanneer hij meende de iets te ver voor hem geplaatste bal met de schoen niet of niet goed te kunnen raken, dook de man, die eerst in het Zwolse ZAC en daarna voor het Haagse HBS speelde, er in zweefvlucht op af. Hij liet zich zó voorovervallen, dat zijn lange lichaam even volko-men gestrekt boven het veld zweefde.

Bakhuys' sprong begon daarbij altijd op hét goede mo-ment. Hij wist precies wanneer hij moest gaan zweven om op tijd met zijn voorhoofd bij de passerende bal te kunnen zijn. Languit voorover op het veld liggend constateerde hij het resultaat: een vergeefs uitvallende doelman en een goal.

Vraag mij niet wannéér je moet gaan zweven. Dat is niet te zeggen. Het valt ook niet te leren. Je moet je laten val-len op een getaxeerd ogenblik en dat dien je aan te voelen.

Je dient ook de snelheid van de bal te kunnen bepalen. Bij een trage bal kun je je nu eenmaal later laten vallen dan bij een zeer snelle.

Jagen is een van de sporten die ik graag – bij wijze van hobby – beoefen. Daarbij heb ik wel geleerd het goede ogenblik, dat éne ondeelbare deel van een moment, te kiezen voor een schot. Ik weet een haas *niet* te zullen raken als ik op hem richt. Dan ben ik net te laat. Ik moet richten op de plek die het dier zál bereiken, dus zijn snelheid en richting nauwkeurig bepalen.

De hoog voorgezette bal is precies als die haas. Ik moet ervoor zorgen dat mijn voorhoofd gelijk met de bal op een pal in mijn valbaan liggend punt is. Doe ik het fout, dan is het leer er niet óf het is juist gepasseerd en zweef ik voor aap over het veld. Het is namelijk nog steeds niet mogelijk om tijdens de val af te remmen en te wachten met verder vallen. Dat vallen mag je ook vergelijken met de start van een sprinter. Hij zal, omdat elke tiende seconde meetelt, proberen in het startschot te vallen. Zoals de atleet dit goede momentje na het 'Klaar!' van de starter kiest, moet de aspirant-snoekspringer aanvoelen wanneer hij zich moet laten vallen.

Slechts in theorie is het mogelijk er rekening mee te houden wáár de bal geraakt moet worden. Hier geldt weer het oude liedje: kop je de bal aan de onderkant, dan gaat hij omhoog; raak je hem vól aan de zijkant, dan is een vrijwel rechte baan verzekerd. Weet je al vallende het leer aan de bovenkant te 'bespelen', dan druk je het naar beneden. De praktijk is echter dermate moeilijk, dat één op de honderd spelers al blij mag zijn de voorbijschietende bal ergens te raken. Het gemakkelijkst van alles is dat je niet nog eens extra met het voorhoofd behoeft te stoten. Het is over-

bodig kracht achter de bal te zetten. In het zwevende lichaam zit zoveel vaart, dat het leer, waarvan in feite slechts
de richting wordt gecorrigeerd, al een enorme duw krijgt
en razendsnel wordt.

Veel oefeningen zijn nodig om de zweefduik onder de
knie te krijgen. Nodig een clubgenoot op een vrije middag
uit de bal steeds weer twee, drie meter voor je en op borsthoogte te plaatsen én duik erop. Net zo lang tot je weet
wanneer je je moet laten vallen. En kijk! Kijk naar de bal!
Oók op het moment dat je hem werkelijk zult aanraken.
Doe dan je ogen niet dicht. Je moet weten wat de bal doet.
Opdat je, wanneer de bal tegen paal of lat mocht komen,
staat en hem alsnog in het doel kunt schieten. Met de binnenkant of buitenkant schoen!

Een vrij hoge voorzet, waardoor de bal achter een van onze drie binnentriospelers dreigt langs te gaan, kan ook nog
wel eens nuttig worden gebruikt. Je moet daarvoor echter
met je rug naar het doel gaan staan en dat maakt de onderneming nogal riskant. Er zijn nogal wat voorhoedespelers
die op slechte voorzetten (waarbij de bal achter in plaats
van vóór hen langs gaat) niet reageren. Zij blijven gemoe-
dereerd staan, werpen een kwade blik naar de man van de
mislukte pass en schelden hem soms nog uit ook: 'Hoe kan
je dat nu doen, sufferd! Daar heb ik toch niks aan!' Met
zulke opmerkingen komen we echter niet aan een overwinning. Ze bederven de geest en de volgende prestaties
van de betreffende man. Zijn zelfvertrouwen wordt erdoor
geschokt. In plaats van beter zal hij het straks waarschijnlijk nog slechter doen. Met dat snauwende: 'Daar heb ik
toch niks aan!' ben ik het bovendien niet eens. Je kunt wél
wat aan een 'achterzet' hebben. Als je maar probeert de bal

toch in je macht te krijgen. Daarvoor is meestal één stap terug voldoende. De eerste reactie behoort te zijn: omdraai-
en. Je komt dus door de omstandigheden in een moeilijke
positie – met je rug naar het doel toe – te staan. Nu het niet
anders kan maakt dat niet uit. Daarna zijn er twee manieren om de achterzet te redden.

Dit is de moeilijkste en de... slechtste. Maar ook – voor
de kijkers – de meest spectaculaire. Je steekt je been zo uit
dat de bal-in-zijn-vaart op de wreef valt. Het lichaam hangt
al achterover (zoals bij een over je hoofd te spelen bal) en
gaat verder. Je laat je eenvoudig achterover op het veld vallen. Het lichaam doet dienst als het deel van de wip waarop
je vriend zit. Doordat je je laat vallen komt de schoenneus
beter achter de bal (hij kan nu niet de verkeerde kant op),
krijgt het leer meer vaart, hou je het vrij laag en schiet je in
elk geval niet tegen je... eigen hoofd.

Charles Lungen, een Amsterdammer die maar enkele
malen het Oranjeshirt mocht dragen, was een grootmeester op dit gebied. Hij maakte, achterovervallend, een complete salto. Hij kwam dus, nadat de bal over hem heen was
gegaan, weer op zijn voeten terecht en stond dan op de
plaats die hij even tevoren had ingenomen: met zijn rug
naar het doel.

Aan deze bliksemactie is een groot nadeel verbonden: je
kunt niet de precieze richting bepalen. De bal kan evengoed
recht op de keeper afgaan als in een hoek belanden. Daarom geef ik de voorkeur aan het volgende: Plaats een been
in de baan die de bal volgt. Leun wat achterover, waardoor
het schijnt dat je het leer over je heen zult brengen. Hou
de bal doodgewoon tegen met de binnenkant voet waarbij
je er – door wat mee te geven – voor waakt dat hij weer bij
je vandaan loopt. Terwijl de bal valt, kijk je al welke mede-

speler ongedekt staat. Is dat een man die links van je staat, dan schuif je hem het leer toe met de buitenkant linkerschoen. Staat de vrije man rechts, dan een klein duwtje met de binnenkant van de linker- of de buitenkant van de rechterschoen. Zo schep je vrijwel zeker een kans voor een medespeler. En een kans die tienmaal groter is dan die welke jijzelf zou hebben met de achterovervaltactiek.

LES 7 *Maak de sliding en je hebt de bal tóch nog*

De Nederlandse voetbaltaal zit vol met uitgesproken Engelse woorden. Noem maar op: corner, penalty, freekick, dropkick, goal, tackle, keeper, back, topscorer, switch... Niet zo lang geleden is nog zo'n typisch Britse uitdrukking aan de importserie toegevoegd en hier in zwang geraakt: *sliding.*

Vertaal dat maar eens! Ik durf vooruit te zeggen dat het je niet lukt er een goed Nederlands woord voor te vinden. Verder dan *glijding* kom je niet. En het lijkt me dat dit niet zo gauw een gangbaar woord wordt.

Hoe het ook zij, een sliding dan wel een glijding is op het voetbalveld machtig mooi. Hij is ideaal voor achterspelers. (Kees Kuys en Roel Wiersma maken er in het Nederlands elftal vaak gebruik van om de bal toch nog te veroveren. Met de nadruk op toch nog. Want je maakt slechts een sliding als er werkelijk geen andere mogelijkheid is om aan de bal te komen.)

Dezelfde grote waarde heeft een sliding voor een kanthalf. Dat weet ik uit ervaring. Heerenveen ontkwam in een van de wedstrijden om het kampioenschap van Nederland aan een doelpunt van Ajax, doordat de halfspeler een sliding-om-een-hoekje toepaste waardoor hij de buitenspeler op die manier alsnog de bal kon ontnemen. De naam van de kanthalf: Abe Lenstra.

Tjonge, wat had die rechtsbuiten een goede plannen. Hij zou Ajax wel even aan een doelpunt helpen! Mijn tegenstander mocht bepaald optimistisch zijn. Hij vloog als een vrije vogel op Tieme Veenstra's doel af. Aan zijn lopen mankeerde niets. Hij was razendsnel en beslist sneller dan ik, die hem tevergeefs achtervolgde. 'Als ik niks doe, gaatie d'rin' – dat stond voor mij vast. De Ajax-supporters waren er even zeker van dat zij direct konden juichen. Hun favoriet zou vast niet falen.

De Ajax-speler faalde niet, hoewel hij... niet tot scoren kwam. Toen hij wilde schieten was de bal echter plotseling... wég, verdwenen. Hij zocht zich naar. In plaats van voor zijn voet lag het leer achter zijn rug en aan mijn voet. Ik was er al mee op weg naar het doel van de Amsterdammers. Het Ajax-publiek juichte toch. Dat moet ik de hoofdstedelingen nageven. Ze waardeerden het 'grapje' van mij.

Zo erg grappig was het aan de andere kant voor mij niet. Ik moest diep in mijn technisch arsenaal tasten om een goal te kunnen voorkomen. De sliding moest namelijk op een dusdanige wijze worden uitgevoerd, dat mijn been de tegenstander niet raakte. Het mocht niet lijken op haken. Ik voelde er niets voor om het veld te worden uitgestuurd. Bovendien diende ik ervoor te zorgen met mijn voet bij de bal te zijn op een van de momenten waarop zijn voet er niet was. Als we tegelijk bij het leer kwamen had hij, staande, een te grote voorsprong. Hij zou dan de bal vrij gemakkelijk over mijn voet kunnen tillen. Ik begon met de kortere weg naar het doel te nemen. Zodoende won ik een metertje van mijn achterstand terug en kon ik hem de pas min of meer afsnijden. Meer min dan meer, want ik bleef achter hem, in zijn schaduw. Toen hij, na de bal te hebben gespeeld, zijn been terughaalde en aanlegde voor het schot en voor het... doelpunt, gleed mijn rechterbeen binnendoor langs hem. Op mijn linkerknie 'zat' ik op het veld. Mijn rechterbeen kwam tussen de Ajacied en de bal te liggen met de voet achter de bal. Ik kon het leer nu langs het linkerbeen van mijn tegenstander naar me toe halen. Mijn voet deed dienst als schepnet! (Foto 4.) Ajax' rechtsbuiten merkte niets van de actie. Terwijl ik, rustend op mijn handen, met de bal aan mijn voet ronddraaide (foto 5), opstond en verder speelde (foto 6), vroeg hij zich waarschijnlijk af waar het leer toch gebleven was...

'Waarom trapte je de bal niet uit?' Misschien wilt u mij dit vragen. Wel: ik houd er niet van om de bal over de lijn te trappen als er nog een andere mogelijkheid is. Een corner zou daarbij zeker gevaarlijker zijn geweest dan mijn sliding, die bovendien nog een aanval van onze ploeg inleidde. Nee, je moet de bal slechts uittrappen als het helemaal niet anders kan. En meestal kán het anders.

Een sliding is ook een verbazend mooi middel voor de voorhoedespelers. Je kunt er... doelpunten door maken. Het bewijs van deze stelling ligt in het stadion van Düsseldorf. Daar scoorde ik op 14 maart 1956 (onthoud die historische datum!) Nederlands eerste doelpunt. Dankzij een sliding!

Midvoor Coy Koopal, een tikje afgezwenkt naar links – Timmermans speelde linksbuiten, later Clavan – schoot op doel. Hij mikte op de linkerhoek, maar raakte de bal niet zuiver. Het werd een mislukt schot. Het leer zou vrij ver naast de linkerdoelpaal over de lijn gaan. Zou...

Mijn positie was in één opzicht gunstig (Eckel, die de hele wedstrijd aan mijn broekje hing, was even uit de buurt), maar in een ander opzicht slecht. Een meter of drie terzijde van de penaltystip staande, half op de midvoor- en half op de rechtsbinnenplaats, kon ik de vrij snelle bal normaal nooit bereiken. Ik kon er eenvoudig niet bij. En toch moest ik proberen het leer aan te raken en van richting te doen veranderen. In mijn nadeel was ook de opstelling van de doelman. Hij bevond zich, rekenend op een goed schot van Koopal, ruim een meter voor zijn doel. Tot overmaat van ramp stond op de lijn ook nog een back. De linkerdoelhoek was daardoor bepaald aan de kleine kant.

Door de sliding kwam alles in orde! Vrij diep voorovergebogen gleed ik, staande op het doorbuigende linkerbeen, naar de bal toe. Het uitschuivende rechterbeen was bij het leer op het moment dat dit dreigde te passeren. Zittend op het veld, steunend op de linkerknie, kon ik de bal met de binnenkant schoen in de richting van het doel drukken. De Duitse doelman viel ernaar, raakte het leer met zijn vingertoppen ook nog even, maar kon er verder niets aan doen. Er zat te veel vaart in de bal, doordat Koopal nogal fors geschoten had en ik de bal slechts van richting had doen veranderen.

Het is nauwelijks mogelijk om tijdens een sliding het leer precies te sturen. Er moet te snel worden gehandeld. Staand kun je veel nauwkeuriger richten dan liggend. Tot een sliding laat je je, welke plaats je in het elftal ook inneemt, pas verleiden als er geen andere kans is. In de hele wereld is een sliding toegestaan. Overal mag je op deze manier de bal aan een tegenstander ontnemen. Alleen de

Duitse scheidsrechters zien er een overtreding in. Het gevolg is dat de Duitse voetballers in het buitenland vreemd opkijken als er niet gefloten wordt. 'Dat mag toch niet!' verweet een speler van Preussen mij in een vriendschappelijke wedstrijd van Sportclub Enschede. Het mócht wel. Want de fluitist was geen Duitser.

LES 8 *Onderbreek een zwak schot met gekantelde voet*

Voor het doel van de tegenpartij kunnen zich de wonderlijkste situaties voordoen. Het is maar de kunst die uit te buiten. Je moet eigenlijk bij ingeving, intuïtief, datgene doen wat nodig is om de zaak tot klaarheid te brengen en tot een... doelpunt te komen.

Laten we dit vaststellen: de oplossing is er *altijd*. Hij ligt veelal nog vlak 'voor de voet' ook. Je vindt hem echter nooit door zo-maar-wat-te-doen. Elke ondoordachte handeling is even fout als wilde schietpogingen. De goede oplossing ligt steeds weer in de beheerste actie, waarbij je van tevoren weet wát je doet en wát er zal gebeuren. Dat beheersing een parallel is van techniek zal voor iedereen zo klaar zijn als de inhoud van de suikerzakjes die ik spaar.

Hoe maak je een lastige situatie eenvoudig? Antwoord: door a. de situatie te overzien en b. rustig te handelen. Dat 'overzien' moet niet gebeuren als de bal al bij je is, maar voordien. Je moet weten hoe de kaarten liggen, waar de tegen- en medespelers zich bevinden, voordat je de bal zult ontvangen. Dus ook nu: beide ogen de kost geven! En daarna? Dat hangt er maar van af. De omstandigheden maken nu eenmaal de voetballer.

Voor sterke voorbeelden – excuseer mijn onbescheidenheid! – behoef ik niet zo diep in mijn voetballoopbaan te graven. Ze liggen zo bij de hand, zoals in de competitie-wedstrijd waarbij Sportclub Enschede het Bossche BVV tegenover zich vond en met 4-1 zegevierde. Van de vier Enschedese doelpunten kon ik er twee maken. En deze twee geven, dacht ik, een idee van de mogelijkheden die er althans in bepaalde situaties zijn.

Doelpunt nummer één was het resultaat van een 'technische onderbreking'. Onze linkshalf had een schot in de richting van het doel gegeven. Het zat er dik in – het werd niets. Of de keeper zou, goed opgesteld in zijn linkerhoek, de bal kunnen stoppen, of het leer zou naast gaan. 'Doe d'r wat aan, Lenstra!' zei ik tegen mezelf.

Na een bescheiden switch was ik tussen de midvoor en rechtsbuiten terechtgekomen. Ik stond juist buiten het strafschopgebied en praktisch recht voor het doel, naast de baan die de over de grond gespeelde bal volgde. In wezen had ik dus niets anders te doen dan de richting te corrigeren. De bal moest de andere kant op, langs de rechterzij van de doelman. Het had echter weinig zin om te proberen dit te bereiken door eerst de bal af te stoppen. Mijn handeling moest de verdedigers verrassen. Daarom deed ik het op de volgende manier.

Ik bracht de rechtervoet opzij en voor de bal. Van de gekantelde schoen stond vrijwel alleen de binnenkant op het veld. De hak zweefde. Ik mocht de bal niet hard raken. Het was immers niet de bedoeling hem terug te spelen en dat zou het gevolg zijn van een forse afremmende beweging. Door de bal aan de onderzijde slechts licht met de voor-binnenkant schoen te raken sprong hij niet terug, maar nagenoeg rechtstandig omhoog.

Het volgende was kinderwerk. Het rechterbeen ging terug, ik maakte een halve draai naar links en voordat de bal op de grond kon komen zat mijn linkerschoen er half achter en half onder (foto 7). Ik nam hem op de wreef en joeg het leer in de nauwelijks beschermde rechterdoelhoek. De bal ging niet over (mede door het voorovergebogen lichaam), maar keihard in het doel.

Deze '3 in 1'-actie leent zich dus uitstekend voor het doel. Voor een groot deel kun je haar echter ook op het middenveld uitvoeren. Waarom zou je niet precies hetzelfde doen als je bespeurt dat een grondpass van een medespeler de bal in het bezit van een tegenstander dreigt te brengen? Plaats die voet er schuin tussen, rem de bal af, laat hem opspringen en... ja, daarna wordt het even anders.

Aangezien je geleerd hebt de bal niet in het wilde weg te trappen, laat je hem, nu er geen redelijke schietkans aanwezig is, na zijn luchtsprong wel op de grond vallen. Je brengt het leer onder controle of je geeft een dropkick weg. In ieder geval werk je de handeling nu zo af, dat een verrassende pass in een geheel andere richting dan de bal oorspronkelijk volgde (en waarop de tegenstanders waren ingesteld) het resultaat moet zijn.

Mijn tweede doelpunt tegen de Bosschenaren was van geheel andere makelij. Het bezat, voor mijn gevoel, ook meer kwaliteiten. Dat komt waarschijnlijk doordat het nodig was ook nog een tegenstander te misleiden.

Nadat een aanval van ons was afgeslagen joeg rechtsback Busschers, geposteerd in de buurt van de middenlijn, de bal terug in de richting van de BVV-veste. Hij raakte hem kennelijk aan de onderkant. De bal ging tenminste met een boogje op het Bossche doel af. BVV's tweede stopper, Remmers, liep achteruit terug, in de mening het leer op zijn hoofd te kunnen nemen. Ik had echter al gezien dat hij geen schijn van kans had. De bal ging over hem heen in mijn richting.

Daar stond ik! Zo'n dertien meter van en schuin links voor het doel. Achter Remmers, met nog een stuk of wat andere BVV'ers om me heen, en in het strafschopgebied. Moest ik koppen? Nee! Een kopbal kon, op grond van de tegenstand, de afstand en mijn positie, geen effect sorteren. Ik liet daarom de bal op de grond komen, vlak achter BVV's tweede spil en vóór mij. (Uiteraard stond ik schrijlings op het terrein met het gezicht op het doel.) Het werd een ingehouden dropkick.

Mijn rechterbeen ging voor het linkerbeen langs. De rechtervoet draaide naar buiten en kwam met de buitenkant op het veld te staan (foto 8). De bal 'landde' en kwam tegelijk in de klem die mijn schoen in samenwerking met de aarde vormde. Hij kwam tot rust tegen de als klip fungerende wreef. Althans, nagenoeg tot rust. Er zat nog leven genoeg in. Meer dan een paar decimeter liep hij echter niet weg en bovendien nog naar me toe. Nadat ik mijn rechterbeen had teruggehaald lag het leer voortreffelijk voor mijn linkerschoen. Een schot in de uiterste hoek, dat niet houdbaar was, maakte het werk af. BVV keek tegen een 4-0-achterstand aan.

Daarmee heb ik dan weer verteld dat zich ook op deze wijze doelpunten laten maken. Mogen velen ze in de toekomst als voorbeelden gebruiken. Dat is mijn bedoeling wél!

LES 9 *Via je kruintje 'slipt' de bal het doel in...*

Wat kun je toch een massa doen met je hoofd! Daarmee bedoel ik dit keer niet de inhoud, wél de buitenkant. Hoewel: je zult van de schedel slechts profiteren als je eerst de hersens hebt benut om dóór te denken over het beste gebruik van het hoofd. Die combinatie laat zich niet splitsen. Koppen zonder tweemaal je hoofd te gebruiken staat gelijk met doelloze schoten.

Ik herinner me een wedstrijd van Heerenveen. Onze achterhoede, die minder verdedigend dan aanvallend placht te spelen (het systeem dat ik altijd nog prefereer boven andere speelwijzen, wanneer daarvoor de spelers beschikbaar zijn!), bracht de bal in mijn richting. Het leer kwam niet op de grond terecht. Wel op mijn hoofd. En zonder dat die bal iets van het gras proefde verdween hij in het doel van de tegenpartij. Toch moest ik nog een vrij lange weg afleggen én tegenstanders passeren voordat ik kon scoren. Ik gebruikte tijdens de wandeling echter alleen en letterlijk mijn hoofd. Ik droeg de bal al koppende langs degenen die mij de weg wilden versperren en liet hem pas op mijn voet (dus niet op de grond!) vallen, toen de schietkans zeer gunstig was. Het werd inderdaad een doelpunt.

Men heeft er nogal wat drukte over gemaakt. 'Lenstra brengt de bal koppend van de middenlijn in het doel!' stond 's maandags met grote koppen in een krant te lezen. Waarom men het zoiets bijzonders vond is me nooit duidelijk geworden. De hele wandeling was wat je noemt een... wandeling.

Iedereen kan hetzelfde presteren. Hij moet zich slechts beheersen en steeds weer in duplo zijn hoofd gebruiken. Het is ook wel een kwestie van tempo. Je moet niet gaan aarzelen. Er moet in de gehele handeling vaart, véél vaart, zitten. De tegenstanders mogen geen seconde gelegenheid krijgen zich ermee te bemoeien. Ze moeten ook aan je houding niet kunnen zien dat je de bal alweer op je hoofd zult nemen. Elke keer dienen zij in de waan te verkeren dat je nu wel gaat schieten.

De eerste handeling is waarschijnlijk nog de moeilijkste van de serie. Je dient de bal op je hoofd op te vangen en ervoor te zorgen dat hij niet onbereikbaar wegspringt. Dat kan! Maak je – aangenomen dat er geen tegenstander dicht in de buurt is – kleiner. Krimp ineen. Laat de bal even op je voorhoofd dansen, neem ondertussen de veldsituatie prima in je op en dan maar 'wandelen'.

Let op: de bal mag nooit aan je controle ontsnappen! Kop hem zo, dat je hem in je sprint kunt bijhouden. Hij moet snelheid hebben, maar mag nooit sneller worden dan jij kunt lopen. Neem ook de kortste weg naar je doel. Het kan zijn dat je – om een tegenstander voorbij te komen – even moet zigzaggen. Een bezwaar van betekenis is dat niet, wanneer je tenminste niet te veel zijpaden neemt.

Je plaatst de bal nooit *over* een tegenstander. (Hij zou dan tussen jou en de bal komen te staan.) Steeds moet het leer *langs* hem gaan. Snel! Zo snel dat hij niet de tijd krijgt om, door zich om te draaien, jou de weg af te snijden. Je bent in het voordeel, doordat jij in een volle sprint ligt en hij nog moet starten. Buit dat uit!

De laatste kopbal van de serie behoeft minder hard te zijn dan de vorige. Deponeer het leer, door het even langs je voorhoofd te laten schampen, op de voet van het al gebogen (niet gestrekte) been (foto 9). De bal heeft nog vaart genoeg. Zet de schoen er niet 'vierkant' onder. Je mag het leer niet van onderen raken, omdat je dan zou scheppen. De wreef dient tegen de zijkant te komen (foto 10), waarna de bal een vrijwel rechte lijn volgt van je schoen naar een van de hoeken. Doelpunt!

Zo langzamerhand staan we – in deze lessen – met een nulletje of tien voor. Dat geeft moed voor de toekomst! We zijn echter nog geenszins tevreden. Er moeten meer goals komen. In elk geval – we dienen te weten wat ons te doen staat in alle mogelijke situaties voor het doel van de tegenpartij. Daarom terug naar de vrij hoge voorzetten.

In mijn vorige boekje heb ik al verteld dat je door boven de bal te klimmen hem met het voorhoofd kunt drukken, naar beneden slaan. Prachtig. Dat doen we dus als de bal schuin omhooggaat en over de lat dreigt te verdwijnen. Er zijn echter, gelukkig wel, ook voorzetten waarbij de bal door de lucht een nagenoeg rechte lijn volgt. Het leer komt dan, na een sprongetje van jou (afzetten met één been!), praktisch boven je hoofd. Indien je in zo'n geval dicht bij het doel staat heeft een normale kopbal geen zin. Na elke voorhoofdsbeweging gaat het vól-geraakte leer omhoog en, nu de afstand tussen jou en de goal zo gering is, uitgerekend óver de lat. De prachtige kans op een treffer moet toch benut worden. Het is al een prettige gedachte te weten hoe het niet moet. Maar hoe doen we het dan wél? Zó!

In plaats van op het voorhoofd laat je de bal op het... kruintje komen. Op het moment dat jij het hoogste punt van je sprong hebt bereikt, moet het leer er even langs 'slierten'. Het hoofd schuift er in een bliksemflits onderdoor. De bal slipt erlangs, wordt van richting veranderd, verliest niets van zijn snelheid (door de lichte aanraking) en draait, wis en zeker, achter je langs het doel in.

Of zo'n doelpunt met hoofdpijn wordt betaald? Nee,
nooit. Er is geen sprake van. Je voelt nauwelijks dat de bal
op je hoofd komt. Je mag het tenminste niet voelen. Zodra
dat wel het geval is, doe je het fout en gaat het leer recht
omhoog in plaats van voor je uit.

In een wedstrijd tegen Willem II in Tilburg (seizoen
1956-1957) maakte ik op deze wijze een doelpunt, na een
scherp genomen hoekschop van G. Moddejonge jr. Met
mij sprongen twee tegenstanders naar de bal. Doordat ik
schuin voor en minder dan twee meter van het doel (bij de
paal) stond was koppen met het voorhoofd doelloos. De
bal moest gedrukt worden en dat bereikte ik door het slip-
pertje.

Je kunt dit spelletje ook spelen als je met de rug naar het
doel staat. De verrassing wordt er des te groter door. Niemand verwacht dat je de bal op je kruintje zult laten vallen
en je hoofd er achteruit onderdoor zult halen. Nog zwaarder weegt echter het bezwaar. Je hebt geen ogen in je ach-
terhoofd, weet dus niet waar de keeper staat opgesteld en
kunt niet richten.

Doe het gewoon, klim de lucht in met je gezicht naar het
doel en maak een doelpunt!

LES 10 *Sta het niet af te wachten – loop altijd dóór!*

Piola was in de vooroorlogse jaren een groot voetballer.
Een kunstenaar op het voetbalveld. Zelfs onze Bakhuys kon
van deze goochelende Italiaanse midvoor nog het een en
ander leren. Dat was ook de reden waarom Piola ten slotte
de aanval van het Continentale Elftal in de wedstrijd-van-
de-eeuw tegen het machtige Engeland leidde.

Piola was een lange, forsgebouwde atleet. Hij had een balcontrole als weinig anderen. Uit de allerslechtste voorzetten haalde de Italiaan nog een kans. Hij bewees het in een oefenwedstrijd van het 'Continent' in het Olympisch Stadion te Amsterdam, waarvoor – onbegrijpelijk – slechts een matige belangstelling bestond. Alleen die ene weergaloze hakbal had een vol stadion verdiend. Piola was in volle ren, toen de bal in plaats van, zoals hij mocht verwachten, vóór hem, achter zijn rug werd geplaatst. Afremmen kon de grootmeester nauwelijks. Toch kreeg hij de bal. Hij stak op precies het goede ogenblik een been achteruit, nam de bal op zijn hak en bracht hem met een boogje over zijn hoofd. De volgende seconde lag het leer voor hem. Hij kon met hetzelfde been venijnig inschieten. Het was jammer voor hem dat de keeper het harde schot keerde.

Doe het de Italiaanse reus maar eens na! Dat het je lukken zal geloof ik niet. Er is te veel geluk voor nodig. Het is bijna onmogelijk om op het goede moment je hak op te tillen.

Vrouwe Fortuna speelt immer de grootste rol bij hakballen in de richting van het doel. Men kan de schoenhak benutten om het spel op het middenveld een verrassende wending te geven en om een duel met een tegenstander te vermijden. Ik zie er echter niets in, als je een doelrijpe kans denkt te hebben. Doe toch gewoon. Laat het toeval niet meespelen.

In een vierdeklassewedstrijd, gespeeld in Noord-Holland, moet het eens voorgekomen zijn dat een midvoor, die al op de terugweg was, door de bal op zijn hak te nemen een doelpunt fabriceerde. Ze praten daar nog over de 'fantastische goal' van deze man. Ik ben er echter zeker van dat het leer heel toevallig via zijn hak over de doellijn sprong. De midvoor maakte zelfs geen bewuste hakbeweging.

En als je nu met je rug naar het doel staat en er komt een bal bij je? Dan nog niet hakken! Voetballen is geen geluksspel! Je kunt er zeker van zijn dat ten minste twee verdedigers achter je staan die naar de bal (en niet naar jou) kijken. Voor hen is het geen kunst om in te grijpen.

Dit staat vast: de meeste aanvallers verliezen hun hoofd onder dergelijke, voor hen gunstige omstandigheden, ofschoon zij juist volop de tijd hebben. Want... de verdedigers weten nooit goed wat ze moeten doen. Hun angst voor een doelpunt doet hen aarzelen. Daardoor krijgt de aanvallende partij gelegenheid om de puntjes op de i te zetten tot een succesvolle afwerking. En die bestaat uit het passje naar een medespeler, die wél met zijn gezicht naar het doel staat. Schuif de bal door een argeloze beweging met de *buitenkant* schoen, waarop weinigen verdacht zijn, naar de vrijstaande clubgenoot. Schep voor hem een kans die groter is dan de jouwe.

Om in stijl te blijven springen we in deze les van de hak op de tak. U vliegt naar Lausanne en ik maak het reisje per auto. We moeten namelijk nog even praten over het doelpunt dat ik in de tweede minuut van de wedstrijd Zwitserland-Nederland maakte. Opdat het tot 'model' kan dienen.

Aanvoerder Schaap vierde zijn rentree (na een ziekte) in het Nederlands elftal met een zeer goede pass van de rechtshalfplaats in mijn richting. Ik schoot direct in. Keihard. Daardoor was het schot niet zuiver. De doelman kon de bal keren. Dankzij het feit dat ik mijn schoen (té) fors achter het leer had gezet, kreeg hij hem echter niet onder controle. Het werd een geluk bij een mislukking. Via de knuisten van Helvetia's keeper kwam het leer bij onze midvoor Cor van der Gijp.

Wat zou jij nu gedaan hebben? Blijven staan kijken wat er allemaal wel ging gebeuren? Ja, dat doen de meesten. Dat doen allen die niet met het spel meeleven. Prettig voor de... tegenstanders. Weet je dat ik al tal van doelpunten heb kunnen maken door niet af te wachten, maar... dóór te lopen? Knoop het in je oren!

Natuurlijk stond ik daar op het prachtige, tussen de bergen liggende terrein van Lausanne, niet de komende gebeurtenissen af te wachten. Ik wilde die gebeurtenissen zelf máken. Na de mislukking van m'n eerste schot te hebben zien aankomen, zwenkte ik naar rechts, de vrije ruimte in. Ik was, ofschoon linksbinnen spelende, op de rechtsbinnenplaats toen Van der Gijp de bal ontving. Hij speelde me terstond het leer toe.

'Je mag niet weer missen, Lenstra!' Dat begreep ik drommels goed. Ik wist ook dat de ouderwetse afwerkingsmethode, zoals ik zojuist opnieuw had ervaren, geen succes kón opleveren. Dus: géén strak schot. Ik wist bovendien dat twee backs en de doelman in de weg stonden. Alleen als ik de bal onbereikbaar *over* de backs speelde kon een handeling resultaat opleveren.

Het werd dus een 'technisch foefje'. Ik speelde het leer met de buitenkant van de rechtervoet en raakte het linksonder. De bal klom draaiend over de achterspelers omhoog en daalde in de uiterste hoek, tussen linkerdoelpaal en lat.

In een Zwitserse krant las ik dezelfde avond dat de zon mij te hulp was gekomen. De keeper had de bal niet geheel kunnen volgen. Ik kan er slechts dit over zeggen: zonder die zon zou de brave Pernumian er ook niet aan te pas zijn gekomen – deze klim-draaibal was niet te houden.

De grootste les die uit dit doelpunt getrokken moet worden ligt niet in de manier-van-spelen. Dat is een, zij het niet geheel onbelangrijke, bijkomstigheid. Hoofdzaak is, dat uit dit voorbeeld-uit-de-praktijk blijkt hoe nuttig mééleven, dóórlopen is.

Degenen die nog niet genezen zijn van hun wacht-maar-af-tactiek, wil ik wijzen op nog twee gebeurtenissen. In een wedstrijd tegen België schoot een van mijn medespelers akelig hard in. Ofschoon ik mocht aannemen dat het een doelpunt zou opleveren, liep ik op in de richting van het schot. Ik wilde erbij zijn, want je kon niet weten. De bal kwam... tegen de lat, stuitte vlak voor doel op de grond en daar stond ik gereed om het nu beter te doen. Ik kopte het leer onhoudbaar in. Ik kón dit doelpunt maken dankzij mijn dóórgaan.

In een wedstrijd tegen Willem II was het bijna van hetzelfde laken een pak. De Tilburgse doelman kon, uitvallend, een ingeschoten bal niet goed onder controle krijgen. Hij tipte hem weg. Terwijl de back zich omdraaide om te kijken of alles wel goed ging, was ik langs hem geglipt. Ik hoefde mijn been maar op te tillen om de bal over de liggende doelman tegen het net te brengen.

Dóórgaan! Altijd maar weer dóórgaan! Ook na een schot van jezelf. Het is niet erg als je voor niets loopt nadat het schot toch een doelpunt heeft opgeleverd. Het is wél erg als je door af te wachten je elftal een zeker doelpunt onthoudt!

LES II *Schep kansen voor je medespelers*

Mijn vrouw moppert zelden. Als ze het doet gaat het over voetballen. Vóór de wedstrijd maakt ze nog wel eens een opmerking in de geest van: 'Denk erom, *schieten!*' Daarna krijg ik beslist te horen: 'Waarom schoot je toen zelf niet? Je had toch een kans?'

Er zijn, dacht ik, weinig vrouwen die verstand hebben van voetbal. De mijne is er één van. Dat wel. (Ik zou hier trouwens niets anders durven te beweren.) Voor haar en voor iedereen die zelf achter een bal wenst aan te draven, moet ik echter dit wel heel nadrukkelijk zeggen: Als ik 40 procent kans heb om met mijn voet een doelpunt te maken en ik zie dat een medespeler 60 procent kans heeft – dan krijgt hij de bal van mij toegespeeld!

Laat me eerlijk bekennen dat ik er in het verleden ten minste duizend keer spijt van heb gehad niet zelf te hebben geschoten. Na missers van clubgenoten die er zoveel beter voorstonden dan ik, kon ik de haren wel eens uit mijn hoofd trekken. Had ik het zelf maar geprobeerd! Toch heb ik het na zo'n teleurstelling niet anders gedaan. Ik ben de bal blijven geven aan de man die beter voor doel stond dan ik, en ik zal het, wat er ook mag gebeuren, blijven doen. Omdat het de enige methode is.

Waarom doen anderen het niet? Waarom 'rammen' buitenspelers zo vaak uit onmogelijke posities, schuin voor doel staande, in de richting van de palen? Zij voelen het spel niet aan. Het dringt niet tot hen door dat de voetballerij vooral om *samenspel*, om combinaties vraagt. Velen van hen gunnen ook kennelijk niet aan anderen de eer een doelpunt te maken. Zij verknoeien liever een kansje dan dat zij een clubgenoot in de gelegenheid stellen om voor het elftal te scoren. Dit zijn de egoïsten, die uitsluitend voetballen voor eigen roem en die, om de waarheid te zeggen, niet in een teamsport thuishoren. Laten ze gaan dammen of schaken. Alsjeblieft! Dan ondervinden zij alleen voor zichzelf de gevolgen van hun fouten. In het voetbalveld maken zij veelal een heel elftal tot slachtoffer.

Het scheppen van kansen is in feite het belangrijkste onderdeel van het spel. Als het erop aankomt heb ik er soms meer plezier in dan in het scoren zelf. Het geeft je een voldaan gevoel een ander de kans te hebben gegeven het werk af te maken. (Dat je daardoor zelf de eerste plaats op de lijst van topscorers verliest is evenzeer bijzaak als die hele lijst zelf!) Goede herinneringen bewaar ik daardoor aan tal van interlandwedstrijden. Onder meer aan een van de laatste matches in Antwerpen tegen de Belgen. Dat was, zoals in de 'hel van Deurne' gebruikelijk, een nogal spannende gebeurtenis. En zo erg goed verging het ons Nederlands elftal niet. Kort na rust stonden we met 2-0 achter. Jammer, maar dit wordt een nederlaag, moeten de Nederlandse supporters hebben gedacht.

We verloren niet. We zegevierden toch. Met 3-2. Geen van de drie goals werd door mij gemaakt. 'Abe was maar matig' stond er dus in alle kranten. Het deed me niets, omdat ik voor mezelf wist wel een belangrijke bijdrage aan de overwinning te hebben geleverd. Want van mijn voet kwam de pass die Appel in staat stelde de winnende goal te fabriceren. Onverwacht speelde ik de bal door naar onze midvoor. Ik raakte het leer met de buitenkant van mijn rechterschoen linksonder, zodat het wegdrááide. De Belgische spil miste. Allicht! Een draaibal laat zich nauwelijks onderscheppen. Appel kreeg de bal voor zich, maar had nog moeite genoeg om hem onder controle te krijgen. Het lukte hem, dankzij het feit dat het leer tegen zijn borst kwam. Daarna kon hij raak schieten.

Na afloop zei Bram: 'Wat zat er een straal effect aan die bal, ik had hem bijna nog gemist.' Ik kon daar slechts op antwoorden dat hij die kans nooit gekregen had als ik de bal op normale wijze zou hebben gespeeld. Het leer zou dan een gewillige prooi van de spil zijn geworden. In dezelfde wedstrijd maakte Appel nog een doelpunt. Achteraf heb ik hem dat kwalijk genomen. Dit was namelijk een toevalstreffer. Onze aanvalsleider mocht uit zijn ongunstige positie helemaal niet schieten. Hij deed het wel en het liep goed af, maar wanneer het fout was gegaan zou hij Oranje de zege hebben onthouden.

Terwijl Appel tussen enkele Belgen in stond (ten minste drie man) en zich tussen hem en het doel nóg een tegenstander bevond, stond ik ongeveer acht meter links van hem volkomen vrij. Hij had dus niet het risico van een schot in het wilde weg mogen nemen, maar de bal naar mij moeten toeschuiven. Uit mijn positie was missen moeilijker dan raak schieten.

Voetbal is een kansspel. Goed! Men moet wel eens wat wagen. Akkoord! Vele spelers gokken echter op het veld grover dan in de... voetbalpool. Zij hoeden zich er wel voor om in de befaamde kolommetjes van het poolformulier Elinkwijk te laten winnen van Feyenoord, maar ze laten zich er wel toe verleiden van de doellijn af een nog onmogelijker schot te lossen.

Ik ben dus weer bij de buitenspelers beland. Zij zijn het vooral die de kansen moeten scheppen. Doen ze het? Lang niet altijd. Ik kan me voorstellen dat zij er behoefte aan hebben ook eens op doel te schieten. Ze mogen het ook wel. Er is geen enkel bezwaar tegen dat de rechtsbuiten, die naar binnen zwenkt, na zijn tegenstander, de back, *binnen*door te hebben gepasseerd (ga nu eens niet buitenom!), een onverwacht schot inzendt. Bijvoorbeeld van de hoek van het strafschopgebied. Hij moet echter terdege bedenken dat hij géén prima kans heeft. De doelman kan zich vrijwel volledig concentreren op zijn linkerhoek, die direct wordt bedreigd en die hij dus kleiner kan maken. Wenst de aanvaller hem langs de andere kant te passeren, dan moet de bal voor de keeper langs worden geschoten, hetgeen betekent dat de doelman een grote kans heeft om het leer te onderscheppen. De buitenspeler moet dus wel dat kleine hoekje als doelwit nemen. Wil hij per se schieten, laat hij het dan proberen met een schuiver over de grond vlak langs de paal. Daar zit nog wel wat in. Elke keeper heeft de angst met zijn hoofd tegen de paal te vallen en door zijn opstellen staat hij wel erg dicht bij dat harde, rechtopstaande hout...

Maar... waarom zou die buitenspeler eigenlijk zelf schieten? Waarom maakt hij van het *kansje* dat hij zelf heeft geen KANS voor een ander? Speel je midvoor vrij door de spil naar je toe te trekken en schuif hem, die centraal voor doel staat, de bal over de grond toe. Dan ben je vrijwel zeker van een doelpunt voor je club. En om zekerheid gaat het!

LES 12 *In een boogje over het Zwitserse muurtje!*

Tot de belangrijke onderdelen van het spel behoort zeer zeker het nemen van een vrije schop. Men schenkt er in mijn ogen te weinig aandacht aan. Te vaak doet men maar wat.

Hoe moet een vrije schop worden genomen? Sinds de

wedstrijd van het Nederlands elftal tegen Zwitserland, in het najaar van 1956 te Lausanne gespeeld, is dat voor mij een interessant en prettig onderwerp. Ons tweede doelpunt, de gelijkmaker na een 2-1-achterstand, ontstond namelijk uit een vrije schop. En er mankeerde maar weinig aan of we hadden op vrijwel dezelfde manier nóg zo'n goal gemaakt. Er zijn in deze met 3-2 door ons gewonnen landenwedstrijd heel wat vrije trappen uitgedeeld. Op alle hoeken van het magnifieke Zwitserse veld! De meeste keren was Nederland de bevoordeelde partij. (De Zwitsers zagen niet op tegen een stootje!) In twee van de door ons genomen vrije trappen zat een doelrijpe kans. We waren dik tevreden dat er één doelpunt uitkwam.

De Zwitsers maakten een vrij grote fout. Zij vormden weliswaar het bekende muurtje – op 15 meter van de bal – door vijf, zes spelers naast elkaar neer te zetten, maar lieten na onze vlak bij hen staande midvoor te dekken. Daarin zat voor mij, die de vrije schop (ongeveer 25 meter van het doel af) zou nemen, de grote kans. Ik moest er maar voor zorgen dat de bal in een boogje over het muurtje ging en tussen deze 'barricade' en de doelman zou dalen. Dan kon Cor van der Gijp erop sprinten!

Nu is dat niet zo'n gemakkelijke zaak. Men heeft met enkele vrij moeilijke omstandigheden rekening te houden. In de eerste plaats mag de bal niet te dicht achter de samengeschoolde tegenstanders neerkomen. Zij moeten er, na zich in een flits te hebben omgedraaid, per se niet bij kunnen komen. Maar precies hetzelfde geldt voor de doelman. Het valt echter bepaald niet mee om, wanneer de afstand tussen muurtje en doel vrij gering is, een boogballetje zo te plaatsen dat de keeper geen kans heeft om het leer te onderscheppen.

Met dit laatste moest ik – en dat zal iedereen moeten doen onder zulke omstandigheden – ernstig rekening houden. Ik vond er iets op: een technisch foefje. Ik speelde de bal rechtsonder met de buitenkant schoen, maar zó dat het leer toch werd 'geschept'. Het werd dus een klimmende draaibal. Om het draaien draaide de hele vrije schop. De uitlopende doelman Pernumian dacht de bal te kunnen onderscheppen voor de toestormende Cor van der Gijp er vat op kreeg. Er viel echter niets te onderscheppen. Pernumian kon maar half aan de bal komen, hij kreeg hem niet onder controle. Het leer draaide als het ware uit zijn handen en tegen onze midvoor aan. (Het was maar goed dat Cor doorzette. Hij kon ons nu aan de gelijkmaker helpen.)

De Zwitsers namen een soortgelijke vrije schop op een andere manier. Ik kan wel zeggen op de manier die de voorkeur verdient boven andere, wanneer tenminste het muurtje perfect is opgetrokken. Toch kwamen zij niet tot een doelpunt. Dankzij prima ingrijpen van onze kleine Notermans enerzijds en een misser van de Zwitserse rechtsbuiten anderzijds.

Vijf van onze verdedigers schermden doeltreffend het heiligdom van Frans de Munck af. Zij stonden uitstekend naast elkaar opgesteld op iets meer dan negen meter van de plaats waar de vrije schop genomen zou worden. Er kon geen bal door. Terzijde van het levende muurtje, op vrij grote afstand, waren nog twee Oranjetruien te vinden. Zij stonden op te overbruggen afstand van de Zwitserse buitenspelers. Midvoor Meier, niet zo'n beste schutter, kon niet denken aan een rechtstreeks schot op doel. Het zou 'm nooit gelukt zijn door het muurtje heen te schieten. Hij plaatste dus de bal naar zijn niet volledig gedekte rechtsbuiten. Deze man reageerde evenwel te laat, trapte in tweede instantie over de bal en gaf daardoor Jantje Notermans, onze linkshalf, gelegenheid in te grijpen en weg te werken. De grote fout werd nochtans gemaakt door de man die de vrije schop nam. Meier plaatste niet scherp genoeg. Hij maakte er geen vlees en geen vis van. In dergelijke gevallen, waarbij de tegenpartij een muurtje vormt (de beste methode), heeft de aanvallende partij twee middelen ter beschikking om zich een weg te banen naar het doel.

Het kan zeer goed op deze wijze. Wij, die de vrije schop mogen nemen, zorgen ervoor een speler in het muurtje te hebben op de plaats die ligt op de rechte weg naar het doel. Meestal is dat die welke de verdedigers openlaten om de keeper enig uitzicht te laten. Onze man moet zich door te 'wringen' zo veel mogelijk ruimte verschaffen. Op het moment dat de vrije schop genomen wordt, laat hij zich voor- of achterovervallen. Op die manier ontstaat een opening in het muurtje, waardoor de bal zijn weg naar het doel kan nemen. Dezelfde aanvaller is ook nuttig als de man-van-de-vrije-schop geen schot lost, maar een boogballetje plaatst recht over het zogenaamde muurtje. Zijn positie maakt het mogelijk er snel achteraan te gaan, zonder achterstand op de tegenstanders.

Manier nummer twee om een muurtje uit zijn voegen te rukken is de vlijmscherpe combinatie. Met de nadruk op vlijmscherp! We kunnen veilig aannemen dat de partij die de overtreding beging, naast haar muurtje twee 'veiligheidskleppen' opendraait. Met andere woorden: zij stelt twee man op tussen het muurtje en onze buitenspelers. (Zo was ook onze opstelling in Zwitserland, toen Meier zijn vrije schop nam.)

Het mag hem niet hinderen! Degene die voor ons de

vrije schop neemt, laat een boogballetje vallen ongeveer halverwege het doel en de naar binnen zwenkende buitenspeler. De laatste heeft een voorsprong op de extra verdediger. Hij staat met z'n gezicht naar het doel en zijn tegenstander met de rug. Het muurtje spat na een op deze manier genomen vrije schop uit elkaar. Alle tegenstanders rennen naar de plaats waar de bal terechtgekomen is. Daardoor komt veelal de man die de bal zo goed geplaatst heeft, vrij te staan. De buitenspeler is een verstandige voetballer als hij niet zelf schiet, maar hem het leer toeschuift. Dan is een doelpunt zo goed als zeker!

LES 13 *Geen vrije schop in het ongerijmde*

Vrije schoppen – ze zijn er in evenveel soorten als appelen en peren. Ze hebben echter allemaal dezelfde bedoeling: ze houden stuk voor stuk een straf in voor de partij die de overtreding heeft begaan en moeten door de tegenstanders worden uitgebuit. Dit laatste wil echter beslist niet zeggen dat we altijd maar weer uit een vrije schop op doel moeten knallen of althans in die richting schieten. In de meeste gevallen is dat zelfs bepaald zinloos. Het nut van een vrije trap zit 'm vrijwel uitsluitend in het in volledige vrijheid opbouwen van een combinatie.

Een jaar of wat geleden – vooral voor de oorlog – stond iedereen op het standpunt: van schieten op het doel moet het komen. Het gevolg was dat de spelers ook van ver en uit de onmogelijkste posities vuurden. Ik zie het nu nog wel, maar gelukkig veel minder. Het begrip voor het scheppen van vrije kansen groeit met de dag. Op dat 'scheppend werk' gaat men ook meer en meer het gehele spel, soms zelfs het systeem, instellen. De vrije trappen, waarbij de tegenstanders een afstand van ten minste 9 meter 15 in acht hebben te nemen, moeten in praktisch alle gevallen worden aangegrepen voor de start van een combinatie en daarmee voor het leggen van de basis voor een aanval. Dit houdt meteen in dat de man-van-de-harde-poeier niet de aangewezen 'vrije schopper' is. Hij komt tegenwoordig op de tweede plaats. De vrije schop dient te worden genomen door de speler die *zuiver* kan plaatsen.

Neem maar weer eens een geval op het middenveld. Een tegenstander heeft onze halfspeler op unfaire wijze ten val gebracht. Moet hij dan met het nemen van de vrije schop wachten op de back, die zo'n razend hard schot in zijn kuiten heeft? Hij mag er niet over prakkiseren. De back zou zelfs met zijn 'kogel' slechts één procent kans hebben. Bovendien: in de tijd die hij nodig heeft om de veertig meter van zijn plaats naar het middenveld af te leggen en de bal goed te leggen, kan de tegenpartij zich prachtig hergroeperen. Geen onderdeel van een seconde mag er verloren gaan. Daarom neemt de man die het dichtst bij de bal staat de vrije schop. In de bewuste spelsituatie is dat onze kanthalf.

Hoe doet hij het? Moet híj dan maar een schot-in-de-ruimte geven? Hij *mag* niet op doel 'lellen'. Hij mag zelfs niet het risico nemen van een hoge bal in de richting van een van zijn voorhoedespelers. Die kan te gemakkelijk worden onderschept door de tegenstanders. Onze half heeft maar één ding te doen. Hij moet de bal zuiver toeschuiven – over de grond dus – aan een medespeler. Dat kan zijn aan z'n teruggekomen binnen- of buitenspeler. Maar nog beter is het leer dwars over het veld (van rechts naar links of van links naar rechts) te plaatsen naar de andere, zich vrij-lopende kanthalf. Het doel van deze combinatie wordt niet bereikt, als half nummer twee daarna toch als een wilde-man op het doel schiet, dan wel een luchttrap in het wilde weg geeft.

We nemen de vrije schop op deze manier om te berei-ken dat de bal voorlopig in het bezit van ons elftal blijft. En we houden die schuifcombinaties vol totdat we werkelijk een doelrijpe kans verworven hebben. Pas dan volgt het schot. Want – en laten vooral de jongeren dit goed in het oog houden – vijf doelpunten uit vijf schoten is meer waard dan één goal uit honderd lukrake schoten!

Vrije trappen in het voordeel van onze verdediging en in de buurt van onze goal, na bijvoorbeeld een buitenspelgeval: het is in wezen geen ander onderwerp. Ik zou heel rustig kunnen herhalen wat ik zo-even heb geschreven.

Ook nu gaat het niet om een harde trap van de backs. Van dit middel mogen zij zich uitsluitend bedienen in ge-vaarlijke situaties, die om 'opruimen' vragen. Ruimte-trap-pen uit vrije schoppen zijn doelloos, omdat ze nooit zuiver kunnen zijn. En het gaat juist om het zuiver plaatsen. Al-leen als de backs dit zorgvuldig doen dragen ze bij tot de opbouw van de aanval.

Laten zij de bal toch rustig over de grond toeschuiven aan een kanthalf, teruggetrokken binnenspeler of buiten-speler. Zij zijn er dan vrijwel zeker van dat het leer in het bezit van hun partij blijft.

Trappen in het wilde weg houden in dat opzicht slechts kansen van één op tien in, aangezien a. de tegenstanders de langere tijd die de bal door de lucht nodig heeft om zijn 'doel' te bereiken, natuurlijk benutten om positie te kiezen en b. medespelers een hoge bal uiterst moeilijk onder controle kunnen krijgen.

En waarom spelen veel achterspelers, ook bij vrije schoppen, de bal terug op hun... doelman? Ik zie nog wel eens dat zij dit presteren als zij het leer volkomen vrij mogen trappen op 18 tot 20 meter van hun doel. Dommer uitvoering bestaat in 99 van de 100 gevallen niet!

'Ja, maar de keeper mag de bal uit zijn handen wegtrappen en hij komt altijd verder!' krijg ik nog wel eens te horen. Zulke mannen begrijpen nog steeds niet dat wij aanvallers met luchttrappen van keepers maar heel weinig kunnen doen. Dat bewijst ook hun: 'Daar kunnen jullie toch lekker achteraan rennen...'

De tijd van het hardlopen achter een bal aan, in de hoop hem toch nog te pakken te krijgen, ligt achter ons. We willen nu alleen maar voetbal *spelen*. En dat kan beginnen bij de vrije trappen!

LES 14 *Waag eens een inswinger!*

Kees Tegenstander maakt zich schuldig aan een overtreding in het strafschopgebied. Scheidsrechter Onpartijdig fluit. 'Hoera, pinantie!' juichen de supporters en onze strafschopspecialist wandelt al naar de witte stip. Meneer de fluitist legt echter de bal neer op de plaats waar de overtreding is begaan. Hij vindt dat een penalty een te zware bestraffing zou inhouden voor het niet-opzettelijke duwtje en kent nu een indirecte vrije schop toe – een vrije schop waaruit niet direct mag worden gedoelpunt.

Hands in het strafschopgebied heeft altijd een penalty

tot gevolg. Ernstige overtredingen eveneens. Er kunnen zich echter 'lichte gevallen' voordoen, waarbij een strafschop bespottelijk zou zijn. Dan doet de scheidsrechter er vaak beter aan zijn fluitje niet te gebruiken. Bespeelt hij z'n instrument wel, dan heeft hij het middel van de zogenaamde indirecte vrije schop, die overigens toch nog een zware straf inhoudt.

De spelers van de bestrafte partij mogen zich niet minder dan 9,15 meter van de bal bevinden – zo ongeveer staat het in de spelregels. Er doen zich echter, juist bij de indirecte vrije schop, situaties voor dat zij zich achter het doel zouden moeten opstellen om aan deze voorwaarde te voldoen. Voor die gevallen geldt de uitzondering op de regel: de heren tegenstanders mogen zich dan op of achter de doellijn tussen de palen naast hun doelman opstellen. Een prima afscherming van het doel!

Niettemin ligt het in de bedoeling van ons, bevoordeelden, de vrije schop op de beste wijze te benutten. En... het kan ook zeer wel. We kunnen het proberen met een direct keihard schot, in de hoop dat een van de tegenstanders-op-de-doellijn het leer zal aanraken. Daardoor zou toch aan de eisen van de indirecte vrije schop (volgens welke twee spelers de bal moeten hebben aangeraakt voordat die in het doel verdwijnt) worden voldaan.

De kans dat een van de mensen in het doel geraakt wordt, bestaat inderdaad. Speciaal de keeper zal – dat is nu eenmaal zijn aard – proberen het leer te stoppen. Raakt hij de bal even en verdwijnt het leer daarna in het net, dan is het doelpunt een feit. Groter is echter de kans dat de doelman en zijn assistenten hun ledematen thuishouden en de ingeschoten bal rustig laten gaan. Of ze gelijk hebben! Doen ze dit, dan geldt de goal niet. De vrije schop mag niet worden

overgenomen door ons. Integendeel. Kees Tegenstanders
doelman mag doodgewoon uitschieten. De bal wordt ge-
acht te zijn uitgegaan.

Het komt er dus op neer dat een indirecte vrije schop,
op deze manier genomen, geen zekerheid over het resultaat geeft. Veel te veel hangt af van de medewerking van de
tegenstanders. We moeten maar afwachten of zij zich zullen vergalopperen. En dat is fout.

Er is een oplossing waarbij we de situatie in eigen hand
houden. Niets hangt daarbij van het toeval af, maar alles
van ons eigen kunnen. Om die reden is het ook verreweg
de beste methode.

Kees Tegenstander en zijn mannen staan weer in het
doel. Laat ze maar staan. Ik bevind me achter de bal en mijn
medespeler Gerrit staat, met het gezicht van de onverschil-
lige, een metertje schuin achter me. Door de stand van mijn
voet wek ik de indruk regelrecht op doel te zullen schieten. De scheidsrechter fluit. Mij een zorg. Ik wacht op het
moment dat mij het meest geschikte lijkt. De heren in het
doel moeten toch daar blijven totdat de bal een volledige
omwenteling heeft gemaakt. Eerder mogen zij geen streep
voor de doellijn komen. Ik maak ze lekker zenuwachtig!

Daar is het geschikte ogenblik. Ik kijk nog steeds naar
het doel. Mijn voet maakt de beweging waaruit iedereen
afleidt: 'Hij schiet!' De schoen gaat echter om de bal heen,
komt ernaast en ongemerkt schuif ik met de buitenkant
het leer even opzij. Clubgenoot Gerrit staat plotseling –
althans voor de tegenstanders – in een beste schietpositie.
Hij heeft maar te kiezen tussen een keihard schot, dat op zo
korte afstand moeilijk te houden is, en een listig boog-le-
pel-balletje. Tien tegen één is het raak!

We nemen een overstapje naar een geheel ander soort vrije trappen: de corners dan wel hoekschoppen, die we cadeau krijgen als een tegenstander de bal tussen hoekvlag en doelpaal over de doellijn werkt.

'Halve goal, halve goal!' jubelt het koor op de jongenstribune steevast bij hoekschoppen. Flauwekul! Corners zijn maar moeilijke zaken. Ze leveren slechts zelden doelpunten op, omdat de bal vrijwel uitsluitend door de... lucht kan worden gespeeld. Dit brengt, zoals ik al heb gezegd, de (langere) verdedigers in het voordeel. En er zijn er bij hoekschoppen zoveel te vinden in het doelgebied.

Slechts twee mogelijkheden zijn er om van een corner toch nog iets goeds te maken. Deze: 1. neem hem zo, dat de bal neerkomt op de penaltystip of 2. waag een inswinger.

Degene die het eerste wil bereiken, legt het leer op het uiterste puntje van het cornerdriehoekje langs de zijlijn. Zijn lichaam helt een weinig achterover. Hij speelt de bal aan de onderkant met de binnenkant wreef (foto 11). Een aanloop is overbodig. Hard schieten ook al. Concentreer alle aandacht op de zuiverheid van het boogballetje. Want deze trap kan alleen iets opleveren wanneer de bal werkelijk op de penaltystip terechtkomt. Dat is, midden voor het doel, de beste plaats voor een beslissend tikje. En de doelman heeft geen kans om de bal te onderscheppen.

De inswinger heeft tot doel de bal uit de hoekschop *direct* in de goal te deponeren. Je legt de bal nu op de andere punt van het driehoekje, op de doellijn dus. Bij een corner van rechts schiet je met het linkerbeen, bij een hoekschop op de linkerkant met het rechterbeen (foto 12).

Ook nu gaat het lichaam iets achterover. Je raakt de bal opnieuw aan de onderkant, maar nu iets terzijde, en met de halve wreef. Daardoor krijgt het leer het nodige effect op zijn tocht naar het doel. Het draait op lathoogte het veld in en zwenkt vlak voor het doel via de binnenkant tweede paal de goal in. Als... de man van de inswinger het tenminste compleet goed doet! Hij heeft een klein beetje hulp nodig. Voor alle zekerheid dient een medespeler zich op te stellen bij de keeper om hem, zo nodig, ingrijpen te beletten.

Inswingers hebben iets gemeen met bandstoten op het groene laken. Zoals biljarters de banden gebruiken om het ivoor van richting te doen veranderen, benutten wij de paal om de bal werkelijk over de doellijn te brengen.

Er is nóg een mogelijkheid, waarbij de bal wél over de grond wordt gespeeld. Een medespeler kiest positie tussen doel en cornervlag en biedt de man die de hoekschop neemt de kans hem het leer toe te schuiven. Deze (tweede) man moet echter daarna in wezen hetzelfde doen wat degene die de hoekschop neemt oorspronkelijk zelf had kunnen doen. Ook hij moet de bal hoog voor het doel plaatsen. Het komt dus slechts neer op tempovertraging en hoe ik daarover denk kan iedereen wel begrijpen.

LES 15 *Goede buitenspelers zijn zeldzaam en... duur*

Er zijn in het elftal plezieriger plaatsen dan de buitenplaatsen. Tal van jongens peinzen er niet over daar te gaan staan. Ze spelen liever in een lager elftal op binnenplaatsen dan in 'het eerste' op de vleugel. Dat zij daarmee hun club een slechte dienst bewijzen weten ze drommels goed. Zij laten hun persoonlijke belangen eenvoudig zwaarder wegen dan de clubbelangen.

Het is voor mij moeilijk om over dit onderwerp te praten. Ik heb namelijk zelf... geweigerd in het Nederlands elftal – dat is nu al weer enkele jaren geleden – op de buitenplaats te spelen. Onmiddellijk moet hieraan echter worden toegevoegd dat mijn besluit op geheel andere overwegingen gebaseerd was dan meestal het geval is. Anderen bedanken voor buitenplaatsen, omdat zij daar zo weinig te doen krijgen. Ik deed het daarentegen op grond van de ervaring, opgedaan in Oranje, dat het spel op de vleugel me niet ligt. Ik voel me daar als een kat in een vreemd pakhuis.

Daar komt nog dit bij: ik weet voor mezelf veel meer waard te zijn als binnenspeler. Op deze plaats kan ik intensiever deelnemen aan het positiespel. En ik heb wel eens gelezen dat juist dit een van de sterkste kanten van mijn spel is. Mag ik het mede daarom een fout achten van Keuze- en Technische Commissie als zij mij aan het lijntje wil houden?

Buitenspelers dienen snel te zijn. (Er zijn er tegenwoordig nog wel enkele te vinden die mij op dit punt kloppen.) Ze moeten in staat zijn een doorgespeelde bal te achterhalen en en passant een tegenstander voorbij te gaan. Aan hun (voetbal)intelligentie mogen echter eveneens hoge eisen worden gesteld. Zij behoren voorts te passen in het patroon dat de trainer zich van de combinaties heeft voorgesteld. Zij dienen te passen bij het spelsysteem van hun binnenspelers. En – hierop moge speciaal gelet worden bij de keuze – de buitenspelers moeten *maatgevoel* hebben.

Waarom dit laatste wellicht het belangrijkste is? Kijk: de overige spelers van de voorhoede hebben niets aan harde trappen, waarvan de afzender het adres-van-bezorging niet kent. De afzender-buitenspeler behoort van tevoren precies te kunnen vaststellen wáár de bal na zijn trap terecht zal komen. Hij moet weten dat de bal uit zijn voorzet op het hoofd van de vrijstaande Piet of pal voor de sterke voet van de midden voor doel staande Kees zal landen. Dat mag niet missen!

Buitenspelers zijn dure jongens. (Sparta betaalde voor Bosselaar, naar ik meen te weten, een halve ton en Willem II legde voor Koopal waarschijnlijk weinig minder op tafel.) Het is niet moeilijk te verklaren hoe dat komt: goede buitenspelers zijn zo zeldzaam! Er zijn er zo weinig die dit aparte vak volledig beheersen. Van de 100 voldoen er 90 niet aan de eisen die men aan deze levende instrumenten mag stellen.

Van de fouten die zij maken, zijn dit de voornaamste: ze kunnen geen afgepaste voorzetten geven, ze nemen niet de kortste weg naar het doel, leven zich onvoldoende in het spel in en zijn beslist niet geconcentreerd. Voorzetten geven die geplaatst zijn op een bepaalde man, is het allergemakkelijkst. Iedereen kan dat. Als hij met zijn gedachten helemaal bij het spel is en niet aan zijn ongetwijfeld lieve meisje staat te denken!

Hij hoeft de bal slechts op de goede manier te raken. (Zie: *Voetballen doe je zó.*) De snelheid van het leer en daarmee de 'landingsplaats' wordt bepaald door de aanraking zelf en de plaats wáár de voet tegen de bal wordt gezet. En niet – het blijft dom dit te denken – door de veelal overbodige aanloop.

Op de voorzet komt het aan. Speciaal op de *plaatsing*! Hoewel vrijwel elke situatie ten gevolge van de wisselende opstelling van de medespelers een andere maatvoorzet eist zijn er twee klassieke standaardmodellen onder de voorzet-

ten die altijd goed zijn. Ik denk hierbij met name aan de samenwerking tussen de twee buitenspelers.

Niets is zo onaangenaam voor verdedigers als de voorzet over de gehele breedte van het veld. (Vooral in deze tijd
van het stopperspilsysteem!) Defensies worden aan flarden
gerukt wanneer de gedekte rechtsbuiten de bal toespeelt
aan zijn collega-linksbuiten, omdat deze laatste man – als
het s s s verdedigend goed wordt gespeeld, mét de rechtsback in dit geval schuin achter de spil – zo goed als vrijstaat. De verstandige rechtsbuiten zal er dus de voorkeur
aan geven de bal bij zijn linksbuiten te brengen. Hoe? Zo!
Hij moet het leer met een boogje over de voor het doel samengeschoolde verdedigers laten zeilen. Als het kan met
een beetje effect. Dat gebeurt als hij de bal half onderaan
raakt (kijk maar eens op foto 13). Het heeft echter beslist
geen zin om de bal te laten landen halverwege tussen paal
en hoekvlag. De rechtsbuiten zou dan zijn overbuurman
dwingen tot een schot uit zeer moeilijke, kansloze positie.
Nee, die bal moet per se komen ter hoogte van de tweede,
de verst van de rechtsbuiten verwijderde, paal. We mogen
immers aannemen dat de linksbuiten van zijn vrijheid ge-
bruikmaakt om op het goede moment – als de rechtsbuiten
aanlegt! – naar binnen te snellen. In de tijd die de verdedigers nodig hebben om zich om te draaien en in te stellen op
de nieuwe situatie, kan hij in de lucht klimmen, de bal om-
laagdrukken en inkoppen. Met andere woorden: goal!

Verlangt dit spelmoment de hoge voorzet, waartegen
zoveel bezwaren zijn aan te voeren (langere weg, minder
zuiver, kansen voor de wind), in de meeste gevallen is de *la-
ge* voorzet, de zogenaamde dieptepass, een messcherp wapen in handen van de samenwerkende buitenspelers. De
linksbuiten, die zijn bewaker is voorbijgesneld en nu de

spil op zich af ziet komen (de linksback van de tegenpartij stond, overeenkomstig zijn opdracht in het s s s, al iets naar binnen) mag de bal onder geen beding door de stratosfeer of daaromtrent spelen. Hij plaatst het leer over de grasmat en bij voorkeur achter de linksback langs, alweer in de richting van de tweede paal. De snel reagerende en goed sprintende rechtsbuiten wordt op die manier in een positie gebracht waarin hij niet mag missen.

LES 16 *'Pingelen' is (meestal) uit den boze*

De brievenbus van mijn huis in Enschede is vrij groot. Er kan in elk geval heel wat in. Toch komt het wel voor dat de postbode moet aanbellen en vertellen: 'Ik krijg het er weer niet in – kunt u het even aanpakken?' En dat doe je dan maar. Uiteindelijk kan de besteller er moeilijk mee teruggaan naar het postkantoor.

Aan het beantwoorden van alle – soms hoogst merkwaardige – vragen die heren én dames in hun epistels stellen, kom ik nauwelijks meer toe. Alleen voor het zetten van gevraagde handtekeningen zou ik per week zeker zo'n kleine dag nodig hebben. En aangezien ik om zakelijke redenen heel weinig thuis ben – blessures buiten beschouwing gelaten! – heb ik ook dat moeten beperken. Helaas, want ik zou graag iedereen die mijn handtekening wil hebben, helpen.

'Abe! Ik heb een weddenschap met mijn tante. Zij zegt dat je nog niet getrouwd bent en ik zeg van wel.' Dit schrijft me een ongetwijfeld charmant meiske. Om te voorkomen dat de tante de weddenschap verliest, geef ik maar geen antwoord. Ik vind het zo sneu voor haar.

'Met verschillende andere donateurs van mijn club heb ik een goedaardig verschil van mening over de speelwijze van één van onze halfbacks,' schrijft daarentegen een Amsterdammer uit de Bestevaerstraat. Kijk, daar ga ik wel op in. Want meneer T. snijdt een interessant voetbalonderwerp aan.

'De kanthalf uit mijn club is erg handig in het passeren van tegenstanders. Hij weet soms drie of vier spelers achter elkaar voorbij te gaan, met de bal aan zijn voet,' aldus de schrijver.

Bravo! Waar vind je tegenwoordig halfspelers die in staat zijn om vier tegenstanders in één rush zijn hakken te laten zien? Dat moet wel een heel knappe voetballer zijn. Die man is in staat om in zijn eentje van de halfplaats naar het doel te lopen en te scoren. Hij moet daar toch zo langzamerhand wel zijn!

Dat dacht u en dat dacht ik. Tot ik de volgende passage uit de brief las. Die luidde namelijk: 'Maar nadat hij zich op die manier heeft vrijgespeeld, geeft hij de bal nog niet af aan een gunstig opgestelde medespeler. Hij gaat zelfs met de bal... *terug* om met een speler die hij al voorbij was, nogmaals te pingelen.'

Het eerste wat ik nu wens te doen is dat 'bravo!' en de andere prettige opmerkingen over de kanthalf terugnemen. Mag ik me er voorts over verwonderen dat deze 'aartspingelaar' in het eerste elftal van een eersteklasser wordt opgesteld? Bij mij kwam hij er niet in!

Egoïsten heb ik bepaalde lieden – speciaal zelfzuchtige buitenspelers – in vorige lessen genoemd. De speler die de briefschrijver voor ogen heeft, behoort kennelijk tot dezelfde groep. Met al zijn techniek en andere kwaliteiten

(voor zover aanwezig) is deze man een last voor zijn medespelers en een rem voor het clubspel. Het is het beste dat
hij in zijn eentje op een plein met veel bomen gaat spelen.
Dan kan hij – wat mij betreft – elke boom honderd keer
'passeren' en zich rustig op de borst slaan: 'Zie je wat ik wel
kan...'

Voor het geval iemand het niet met me eens is, citeer ik
nog één zin uit de bewuste brief. Deze: 'Hij is na het passeren van al die tegenspelers nog geen twee meter opgescho-
ven naar het vijandelijke doel...'

Voor deze egoïst onder de kanthalfs heeft het vermoedelijk geen zin te vertellen dat 'pingelen' niet aan te bevelen
is. (Hij zal het blijven doen, omdat dit nu eenmaal zijn aard
is.) Ter wille van anderen, die menen goed te spelen als zij
een paar tegenstanders 'nemen', wil ik niettemin zeggen
dat deze speeltrant fout is.

Verdedigers mogen nooit van hun leven trachten met de
bal langs iemand te gaan. Doen ze het wel en mislukt hun
poging, dan geven zij in negen van de tien gevallen een
doelpunt weg. Dit geldt evenzeer voor de halfspelers en teruggekomen binnenspelers, indien zij zich dicht bij het eigen doel bevinden. Zij allen hebben tot taak alléén de bal
zó zuiver langs tegenstanders te plaatsen, dat deze over een
(bij voorkeur) kortere of langere weg in het bezit van een
clubgenoot komt. Op die manier leggen zij de eerste steen
voor de eigen aanval en vermijden zij elk risico dat 'pingelen' inhoudt.

Is een voorhoedespeler in staat iemand te passeren door
middel van schijnbewegingen? Doen! Natuurlijk! Onder
deze voorwaarde: het mag geen schering en inslag worden,
zodat men de speler ten slotte 'door' zou krijgen. En dit:

wanneer hij één man voorbijgegaan is, moet hij niet proberen een tweede tegenstander zijn hielen te laten zien. Dat loopt altijd verkeerd af. Nadat hij tegenstander één is gepasseerd komt beslist een tweede man op hem af, die zich geroepen voelt hem de weg te versperren. Die tweede tegenstander kan dat echter alleen doen door zijn eigen taak te verwaarlozen. Hij moet weglopen bij de man die door hem gedekt diende te worden. Gevolg: een clubgenoot van onze 'pingelaar' is door diens soloactie komen vrij te staan.

Profiteer daar dan ook van! Schuif de bal in een flits toe aan deze medespeler. Laat de verkregen winst, bestaande uit een gunstige spelsituatie, niet verloren gaan door het nog eens te proberen of af te wachten tot de gepasseerde zich heeft hersteld (dat zou onze Amsterdamse showkanthalf doen!), maar plaats het leer op de man die je nota bene zelf in zo'n puike positie hebt gebracht.

En kanthalfs? Voor hen geldt precies hetzelfde, *als* zij op de vijandelijke helft opereren of meegetrokken zijn met een aanval. Eén tegenstander passeren, een bewaker wegtrekken van een medespeler en dan de bal afgeven aan de vrij opgestelde clubgenoot. Al het overige is voor hem taboe. Ook voor die ene Amsterdammer!

LES 17 *Door combinaties tot doelpunten*

Een metselaar is niet in staat een huis te bouwen. Hij heeft daarvoor de hulp van bekwame collega's nodig. Zelfs honderd metselaars kunnen tezamen geen woning kant en klaar opleveren. Daar komen nog schilders, loodgieters, elektriciens en andere ambachtslieden aan te pas. Alleen

wanneer al deze vakmensen op verstandige wijze met elkaar samenwerken, wordt het product van hun gezamen-
lijke arbeid een villa.

Waarom ik plotseling over huizenbouw praat? Wees niet
bang dat ik mijn voeten ga branden aan netelige woning-
problemen. (Daarvoor zijn die voeten te veel waard.) Het
enige wat ik wil zeggen is dat de voetballerij soms iets gemeen heeft met het bouwen van een huis. Er komt van het
spel een 'krot' terecht als we – gelijk die ene metselaar – alles in ons eentje proberen te doen. We moeten, we zijn dat
met zijn elven verplicht, met elkaar samenwerken. We hebben tezamen tot taak te bouwen aan de combinaties. Enerzijds om doelpunten tegen ons te voorkomen. Anderzijds
om goals voor ons te maken.

Het valt me zwaar om in dit verband niet nog eens te gaan
foeteren op de Amsterdamse kanthalf, die de hoofdfiguur
was in onze vorige les. Zijn slechte voorbeeld dwarrelt me
opnieuw voor de geest, nu ik erover nadenk welk een grote
rol halfspelers hebben in de opbouw van de aanvallen. Bij
hen kan zo vaak het schuttersfeest beginnen! Door goede
passes, bij voorkeur tussen twee tegenstanders door, breken zij als het ware de deur naar de goal open. Zij hebben
het in hun vermogen de verwarring in de vijandelijke verdediging te stichten die de voorhoedespelers nodig hebben
om zich een schietkans te kunnen scheppen. Hun dubbele
taak (verdedigen én aanvallen) maakt hen tot de belangrijkste stukken van het elftal. Mogen de elftalcommissies
dit bij de keuze van de kanthalfs immer bedenken.

Halfplaatsen zijn geen plaatsen waar men zomaar iemand
kan neerzetten. Juist hier dienen mensen te staan met een
enorm uithoudingsvermogen, maar vooral met een goed

spelinzicht. De kanthalfs dienen de strategen van de ploeg te zijn. Tal van wedstrijden, zo niet de meeste, worden door hen beslist. Let er maar eens op!

Door combinaties tot doelpunten – dat is het onderwerp van deze les. De kanthalfs behoren bij die combinaties. Zij moeten het hun voorwaartsen mogelijk maken een man te passeren. Daarvoor dienen zij a. een prima positie te kiezen en b. hun hersens te gebruiken. Het meest simpele voorbeeld ligt besloten in de samenwerking tussen de halfspeler en zijn buitenspeler.

Dankzij een pass van de rechtshalf komt de bal op de voet van de rechtsbuiten. Hem wordt de weg versperd door een tegenstander. Toch loopt onze vleugelspeler even in de richting van deze back. Hij gaat de man in de waan brengen dat hij zal pogen hem te passeren. Afwachten mag de back niet. Die moet trachten het leer aan zijn voet te krijgen en snelt toe. Onze rechtsbuiten weigert echter zeer beslist te duelleren met die mannetjesputter. Hij peinst niet over de riskante onderneming die een poging tot 'pingelen' inhoudt en zoekt zijn rechtshalf. Is die man mee naar voren gekomen? Of is hij in het niemandsland blijven staan om te kijken wat zijn buitenspeler wel ging doen? Natuurlijk is de rechtshalf meegelopen! Hij heeft zich keurig vrij opgesteld, schuin achter zijn rechtsbuiten, een meter of tien meer naar binnen. Van die positie gaat de vleugelspeler profiteren.

De rechtsbuiten speelt de bal rustig met de binnenkant van de rechter- of de buitenkant van de linkerschoen naar de kanthalf. Hij trekt het leer terug naar die vrijstaande man en sprint zelf zijn beetgenomen tegenstander voorbij.

En nu? De kanthalf wacht niet. Hij loopt geen meter

met het 'ronde vriendje', probeert niet de verslagen back te omspelen. Dat heeft allemaal geen zin. De actie moet haar verrassend karakter behouden. Daarom speelt de rechtshalf de bal onmiddellijk binnendoor langs de onthutste tegenstander naar de nu volkomen vrijlopende rechtsbuiten. Zo schept die half een zeer gunstige positie voor zijn ploeg.

Wat verder gebeuren zal laat zich niet moeilijk raden. Zodra de rechtsbuiten naar binnen zwenkt – hij wandelt uiteraard niet naar de hoekvlag! – moet de stopperspil overkomen. Een andere keuze heeft hij niet nu zijn linksback gepasseerd is. Daardoor komt onze midvoor onbewaakt te staan. Weliswaar bestaat de mogelijkheid dat de rechtsback van de tegenpartij de bewaking van zijn spil overneemt en zich in de buurt van onze aanvalsleider opstelt, maar in dat geval komt onze linksbuiten vrij te staan. Met andere woorden: altijd raakt een van onze aanvallers zijn bewaker kwijt. De rechtsbuiten kan dus rustig de bal toeschuiven aan deze man (midvoor of linksbuiten), voor wie het in vele gevallen niet moeilijk is een doelpunt te maken.

Wat is het toch allemaal simpel! Als die kanthalf tenminste meekomt. Want om hem draait in wezen deze gehele aanval. Indien deze man meent achter te moeten blijven in de buurt van de linksbinnen van de tegenpartij, komt er geen spaan van terecht. Dan kan de rechtsbuiten hem de bal nooit toespelen. Uit dit ene voorbeeld moge hij de conclusie trekken dat hij – wanneer de bal in het bezit is van zijn elftal – altijd mee naar voren moet komen.

Die rechtshalf kan het ook op andere wijze verknoeien. Er zijn halfspelers die – nadat zij hem van hun buitenspelers hebben toegespeeld gekregen – de bal met een wilde trap in de richting van het doel schieten. Fout! Daar staan de meeste tegenstanders. Zij handelen alleen goed als zij het leer terugspelen naar de man die hem met een bepaalde bedoeling de bal toespeelde. De bal moet zeer beslist terug naar die buitenspeler. Hij alleen kan ten volle profiteren van de combinatie, waarvoor hijzelf de basis legde!

LES 18 *Tracht tegenstanders door kwaliteit te overtreffen en niet door naar hen te... spuwen*

Twee voetballers van internationale klasse gebruikten in hun tijd een verbazend vies en onsmakelijk middel om hun bewakers te intimideren. Zij... spuwden de tegenstanders in het gezicht. Bah! Helaas hadden deze beide midvoors (een Belgische en een Nederlandse) er nog succes mee ook. Sommige spilspelers raakten volkomen van streek. Zij ontliepen de kwattende aanvalsleider. Daarmee deden zij wat 'meneer-de-spuwer' graag wilde.

Voor mij zal het altijd een raadsel blijven waarom deze uitstekende spelers van zulke minne middelen gebruikmaakten. Het waren beiden voetballers van grote naam. Zij hadden alle capaciteiten die een speler zich op het veld maar kan wensen. Alleen – zij hadden geen mentaliteit en waren daardoor, ondanks hun vele goede spelkwaliteiten, bepaald ongeschikt voor onze sport. Sportiviteit konden zij in elk geval niet opbrengen. Ten onrechte dachten deze lieden – de een voetbalt nog wel eens – dat tussen de witte lijnen alles geoorloofd is.

De Nederlander heeft het slechts enkele malen tot het Oranjeshirt gebracht. Men hield hem maar het liefst buiten het nationale team, juist op grond van zijn vreemde gedrag. De Belgen hadden echter niet de moed om hun 'internationale spuwer' buiten de ploeg te houden.

'Het is toch zo'n goede,' vonden de heren in Brussel. Zij hechtten in die dagen, die vrij ver achter ons liggen, meer waarde aan een zege dan aan een correcte strijdwijze.

Er zullen wel weer lieden zijn die zeggen: 'Dergelijke afschuwelijke dingen kunnen alleen maar voorkomen in profwedstrijden.' Daarom vertel ik er voor alle zekerheid bij dat deze excessen dateren uit de tijd van het... amateurisme.

Door te herinneren aan het wangedrag van deze internationals heb ik overigens beslist niemand aan een idee willen helpen. Laat men zich toch onthouden van het gebruik van 'wapens' van dit soort. Juist in de sport behoor je een vriendelijk *mens* te blijven. Wees heer in het sportverkeer!

Te veel voetballers gaan, dacht ik, het veld in met het plan de wedstrijd te winnen door het spel van de tegenstanders af te breken. Jammer, want dat is de zaak omdraaien. Voorop moet daarentegen staan het bewuste streven naar zodanig eigen spel, dat de tegenpartij er niet tegen opgewassen is. We dienen altijd weer te trachten de tegenstander door *kwaliteit* te overtreffen. De middelen daartoe liggen in het spel van de enkeling, maar méér nog in de combinaties. Het is zuiver een zaak van *bouwen*. (Zonder spuwpartijtjes en andere gemeenheden.)

In de vorige les sprak ik over een tweemanscombinatie, die tussen de rechtshalf en de rechtsbuiten. Hier komt nog een voorbeeld van mogelijke samenwerking tussen twee spelers.

Onze linksbuiten is bezig aan een ren langs de lijn. Hij weet de bal niet te lang te mogen vasthouden, maar ziet geen medespeler vrijstaan. Bovendien bevindt zich voor het doel dat hij moet zien te bereiken, een 'samenscholing' van tegen- en medestanders. Wat moet hij doen? We mogen aannemen dat zijn rechtsbuiten wél vrijstaat. Dat is verdedigend nu eenmaal een van de zwakke punten in het stopperspilsysteem. (De linksback moet namelijk naar binnen komen voor de dubbele dekking en schuin achter zijn spil kruipen!)

Onze linksbuiten zou dus de bal over de volle breedte van het veld naar de overkant kunnen plaatsen. Hij mag het van mij rustig doen. Want zo'n trap trekt de gehele verdediging uit elkaar. Het spel wordt er plotseling door verplaatst naar de andere zijde van het terrein.

Backs worden gedwongen heel andere posities in te nemen en kunnen dat bij een hoog aanvalstempo niet volbrengen. De bal is, mits deskundig gespeeld, altijd vlugger dan zij. En de rechtsbuiten, naar binnen gekomen, krijgt meestal een prima kans tot scoren.

Laat me in dit verband nog maar eens wijzen op het winnende doelpunt van het Nederlands elftal tegen Zwitserland. Ik plaatste de bal toen ook van de linkervleugel over driekwart van de veldbreedte naar de naar binnen gezwenkte en vrijstaande rechtsbuiten Bosselaar, die prachtig raak schoot. Voor zo'n schot over vrij grote afstand is echter een stevige trap nodig. En mensen met een royale trap blijken vooral in de amateurwereld zeldzaam. (Louter en alleen omdat ze niet weten wáár ze het leer moeten raken.) De minder sterke schutters moeten dus wat anders proberen. Zij hebben het geluk dat er inderdaad een andere oplossing is, wanneer althans de... midvoor wil meewerken.

Mede- en tegenspelers bevinden zich samen voor de doelmond, heb ik aangenomen. De midvoor zal er ook wel

bij zijn. Dat is nu eenmaal gebruikelijk. De meeste aanvalsleiders vinden dat zij alleen maar geboren zijn om een scoringskans af te wachten. Zij blijven voor het doel hangen.
Aan het opbouwen van de aanval nemen zij niet deel, met
het scheppen van kansen houden zij zich niet op. Dat laten
ze een ander opknappen...

Aan zo'n aanvalsleider hebben we niets. We hebben voor
ons team slechts behoefte aan een beweeglijke midvoor.
Aan een man die zich aanpast aan de omstandigheden. Die
de plaats opzoekt waar hij in het spelverband nodig is. Die
bereid is in het open gat te duiken en ook aan een clubgenoot een kans wil bieden.

Onze midvoor moet de linksbuiten, wie de macht ontbreekt voor een pass over zestig meter of daaromtrent, te
hulp snellen. Hij mag niet afwachten of het zijn medespeler wellicht zal gelukken de bal in zijn richting te plaatsen.
Hij behoort naar de linkervleugel te sprinten en positie te
kiezen achter of naast de back, die de opdringende vleugelspeler zal gaan aanvallen. Het is zijn taak de linksbuiten de
gelegenheid te bieden hem de bal af te geven.

Ho! Tjonge, nu zou die actieve midvoor bijna alles nog
verknoeien. Hij stond op het punt het veroverde leer voor
het doel te jagen. Waarom toch? Daar is het na zijn afzwenking waarschijnlijk nog even druk als in de Kalverstraat.
Het is er voor ons zelfs nog slechter geworden dan het was.
We hebben er een man minder in de samenscholing. Kom,
midvoor, houd de bal even vast. Trek de 'meute' uit elkaar.
Lok een paar tegenstanders naar je toe en speel de bal met
de buitenkant rechterschoen naar je intussen naar binnen
gekomen linksbuiten.

Zijn papieren liggen een stuk gunstiger in de markt dan
even tevoren. Hij kan nu misschien wel een schot lossen óf

de bal plaatsen ter hoogte van de tweede paal. Dat laatste is het beste, want ik heb als ik zo de situatie overzie, de indruk dat er door het wegtrekken van tegenstanders meer ruimte is gekomen voor de doelmond én dat de rechtsbuiten daar klaarstaat om in te koppen.

Tussen haakjes: wáár was onze rechtshalf? Stond die ergens te dromen? Ik ben bang van wel. Wil je in het vervolg mee naar voren komen en een vrije positie zoeken? Dat is je plicht als de bal in ons bezit is. Laat de man die je te bewaken hebt, toch doen en laten wat hij wil. Zolang *wij* de bal hebben is hij ongevaarlijk!

LES 19 *Zoek de vrijheid in de ruimte*

Het voetballeven wordt mij niet gemakkelijk gemaakt. Vrijwel elke tegenpartij wijst een man aan die als enige opdracht krijgt: 'Schakel Lenstra uit!' Een enkeling lukt het hieraan gevolg te geven – wanneer ik bijvoorbeeld niet in conditie ben. De meeste bewakers grijpen er echter op bepaalde momenten toch naast. Vraag het maar aan de Duitse kanthalf Eckel. Ondanks hem maakte ik in maart 1956 te Düsseldorf tegen de 'wereldkampioenen' twee doelpunten.

De afgelopen dagen heb ik een dikke serie foto's bekeken. Foto's van landen- en clubwedstrijden. Daarbij kwam ikzelf tot de conclusie: jongen, wat sta je toch vaak vrij! Op de meeste plaatjes kwam een onbewaakte Lenstra voor. Louter toeval? Of sta ik inderdaad zo vaak vrij? Ik geloof niet aan toevalligheden. Het is niets anders dan de werkelijkheid dat ik – alle speciale maatregelen van tegenpartijen ten spijt – op *beslissende* ogenblikken een gunstige positie inneem.

'Hoe komt dat dan wel?' vroeg mijn vrouw. En ze voeg-
de eraan toe: 'Daar moet je een les over maken. Misschien
hebben anderen er nog iets aan.'

Ja, hoe komt dat nu? Aan de tegenstanders kan het niet liggen. Zij gaan nog liever óp mijn voeten staan dan er gewoon náást. Ik denk dat het een goede gewoonte van mij
is geworden om de vrije ruimte op te zoeken. Met andere
woorden: ik zoek steeds dát deel van het veld waar ik niet
word gehinderd door al te lastige belagers, maar bovendien
dát plekje waar ik *nuttig* kan zijn voor het elftal.

Het is niet nodig er doekjes om te winden: ik voel me
niet gebonden aan de plaats waar men mij heeft opgesteld.
Intuïtief ga ik naar de flank, waar de beste kansen liggen en
waar ik mijn aandeel kan hebben in de combinaties. Daarmee speel ik volgens het Oostenrijkse en Hongaarse recept, meer speciaal in de trant van Puskas. Zwitserse jour-
nalisten zagen het waarschijnlijk ook zo in de wedstrijd van
hun nationale ploeg tegen de onze. Zij schreven tenminste
over de 'Puskas der Bataven' en daarmee bedoelden ze...
mij. Voor die vergelijking zal ik ze lang dankbaar blijven.
Of Puskas er ook zo over denkt betwijfel ik...

Je bent niet aan je plaats gebonden. Integendeel! Dit wil
ik tussen de bedrijven door aan mijn mogelijke leerlingen
duidelijk maken. De papieren opstelling is voor de voorhoede niet meer dan een leidraad. Ze wil slechts de hoofdlijnen aangeven. Voor het overige is elke aanvaller zo vrij
als een vogel. Hij pikt hier een graantje mee en doet daar
een duit in het zakje. Hoofdzaak is dat hij nuttig is.

Over de midvoor heb ik al eens enkele opmerkingen gemaakt. Zolang deze man aan zijn bewaker blijft klitten, kan

hij evengoed naar huis gaan. Zo'n aanvalsleider is een 'zacht eitje' voor de spil. Die is zeker van een prettige en gemakkelijke middag. Het is daarentegen de bedoeling dat onze midvoor de spil bijzonder weinig gelegenheid geeft hem, zoals men dat noemt, af te stoppen. Hij kan het bereiken door doorlopend in beweging te blijven. Hij mag niet afwachten of – dat gebeurt! – een gezellig babbeltje gaan maken met zijn tegenstander. Er is geen enkel bezwaar tegen dat hij wat terugtrekt dan wel naar de vleugel uitwijkt. Laat meneer zich toch de vrije positie verschaffen van waaruit hij mee kan bouwen aan de aanval.

Een eenvoudig voorbeeld uit de praktijk. We speelden in het Feyenoordstadion te Rotterdam tegen de Belgen, naar ik meen in 1951. Het was de rampzalige wedstrijd waarin Henk Schijvenaar een been brak en die we met 7-5 verloren. Na het ongeluk stonden we met tien man in het veld. (Invallers waren niet toegestaan.) Iedereen kwam wat meer terug om te trachten het verschil-van-één-man te overbruggen. Onze midvoor en linksbuiten deden dat ook. Dankzij deze (opgedrongen) tactiek maakten we prompt een doelpunt.

Met zijn drieën – ik speelde linksbinnen – gingen we van de middenlijn op het Belgische doel af. De bal ging over de grond van man-tot-man: midvoor, linksbinnen, linksbuiten, linksbinnen, midvoor, linksbinnen. Praktisch op één lijn lopend, steeds snel de bal spelend, sneden we door de defensie. Er kwamen geen tegenstanders aan te pas. Alleen de doelman. Hij mocht het leer uit het net halen...

Deze doeltreffende actie was onmogelijk geweest wanneer de midvoor als een ver vooruitgeschoven post bij het Belgische doel was blijven hangen. We hadden die man op het middenveld nodig voor de combinatie. Hij was hier, in dit verband, stukken nuttiger dan voor de goal, waar we hem nooit hadden kunnen bereiken zonder zijn tegenstander gelegenheid te geven in te grijpen.

Daarmee heb ik tevens op papier gezet wat de bedoeling is van het positie kiezen, van het *vrij*lopen: zoek het daar waar tegenspelers je plannen niet kunnen dwarsbomen, waar zij niet gemakkelijk kunnen ingrijpen.

'Maar de spil gaat toch achter me aan, hij laat me zomaar niet vrijlopen' – ik hoor het sommige midvoors zeggen. Ik moet het nog zien. De meeste stopperspillen geven er de voorkeur aan tussen hun backs te blijven. Zij beschouwen zich als dé grendel en hebben het nare gevoel, als ze mee zouden gaan, een open deur achter te laten, waardoor iedereen zomaar kan binnenlopen.

Laten we niettemin de eigenzinnige midvoor even zijn zin geven en aannemen dat de spil zijn bewaking wél fanatiek doorzet en onze aanvalsleider als een schaduw blijft volgen. Wel, dan doe jij als zwervende midvoor *verbazend* goed werk. Je trekt de spil weg uit het centrum en maakt daar de ruimte waarvan je clubgenoten kunnen profiteren. Het is hún taak om in dit 'gat' te duiken. Daar liggen, dankzij jou, voor de binnenspelers de mooiste scoringskansen. Midden voor doel!

Nu het andere geval: de spil laat zich niet weglokken. Hij blijft op zijn post staan en meent de poort gesloten te houden. Bedank meneer dan héél vriendelijk! Zijn liefde voor het centrum, geboren uit angst, zal ons bepaald geen windeieren leggen. Hij geeft ons op het middenveld zomaar een vrijlopende man cadeau. De zwervende midvoor kan ongehinderd doen en laten wat hij wil. Hij is de vrije vogel waarvan wij voor de combinaties gedroomd hebben.

Bij hem begint de victorie, omdat hij zijn deel kan hebben in de opbouw van de aanvallen.

Voor de tegenstanders wordt het een moeilijke zaak. Wat moeten ze doen als hij de bal in zijn bezit krijgt? Hem aanvallen? Uiteraard. Daarvoor draait dan, gesteld dat onze man naar rechts is uitgeweken, de linkshalf op. Laat hem maar komen! Het houdt in dat hij onze rechtsbinnen onbewaakt moet laten. En de man die in de 'Officiële opstelling tien cent!' nog steeds midvoor staat, schuift juist aan deze... rechtsbinnen de bal toe.

We zijn er nog niet. Er moet meer gebeuren. Onze midvoor blijft in actie. Hij sprint langs de verslagen linkshalf en krijgt vlot de bal terug van de rechtsbinnen, die inmiddels is aangevallen door de... spil. Het zou me heel erg bevreemden als de midvoor nu niet in een beste positie staat. Hij heeft zich door zijn eigen activiteit en de samenwerking met een clubgenoot een goede scoringskans verworven. En zo moet het!

LES 20 *Heb de moed om te switchen!*

Volgens 'goed' Nederlands gebruik ontlopen de meeste mensen diegenen aan wie zij geld schuldig zijn. Zij geven de voorkeur aan een paar kilometer extra wandelen (een straatje om!) boven een onverwachte ontmoeting. Op visite gaan zij niet als ze van tevoren weten dat die-en-die er zal zijn. Hij kon eens beginnen over het bedragje dat nog vereffend moet worden.

Op een voetbalveld van zo'n 6000 tot 7000 vierkante meter is het wat moeilijker iemand te ontlopen. Er zijn geen zijstraatjes of smalle steegjes. Daar is het zelfs een hele kunst. Toch is het juist hier hard nodig. Om het zich bevrijden van de tegenstanders draait een groot deel van het spel. Het is het leggen van de grondslag voor een aanval.

Tijdens het bekijken van de foto's met al die vrijstaande Lenstra's werd me gevraagd: 'Hoe doe je dat toch?' Toen ik erover ging nadenken kon ik slechts één antwoord vinden: 'Nou, ik loop bij mijn tegenstander weg, ik ga dáár staan waar hij niet is.' Wanneer u met deze 'oplossing' geen genoegen neemt kan ik me dat voorstellen. Het zal in de praktijk ook wel niet zo eenvoudig zijn. Er komt waarschijnlijk nogal wat spelinzicht bij. Misschien zit er in mijn lichaam een heel klein veertje, dat me vanzelf naar de vrije plaatsen toe brengt...

Dat opstellen is trouwens geen gemakkelijke zaak. Je kunt natuurlijk zomaar ergens gaan staan in de hoop dat daar de bal wel zal komen. Vooral buitenspelers schijnen behept met dit kwaaltje, dat enerzijds wijst op een gebrekkige voetbalintelligentie en anderzijds op een enorme nonchalance. Het is ook de voornaamste reden waarom zij minder dan anderen in het spel worden betrokken. Hun eigen opstelling maakt het voor de medespelers veelal onmogelijk hen te bereiken. Je kunt de bal evenzogoed direct aan een tegenstander cadeau doen.

Waar zijn de meeste buitenspelers te vinden? Zij staan of bij de backs (alsof *zij* het zijn die tegenstanders moeten bewaken!) of achter die verdedigers. Probeer hun dan maar eens de bal toe te spelen! In negen van de tien gevallen wordt het een finale mislukking. Reden waarom een binnenspeler bij voorkeur een andere clubspeler opzoekt, die wél werkelijk vrijstaat. En die buitenspeler maar mopperen. Als hij het op zichzelf doet ga ik ermee akkoord.

In sommige kringen heerst de opvatting dat je toch moet proberen een buitenspeler die zich zo gemakkelijk laat afdekken, in de combinatie te betrekken. 'Speel de bal maar langs de back in de vrije ruimte, de buitenspeler gaat er wel achteraan en knokt het zelf wel uit,' zegt men.

Mag ik daar bezwaren tegen hebben? Graag. De back bevindt zich altijd in een gunstiger positie dan onze vleugelspeler. Hij staat na zo'n pass tussen de bal en onze man, heeft direct een voorsprong, die vrijwel zeker beslissend zal zijn. Een verstandige achterspeler speelt prompt het leer terug op zijn doelman.

De enige (bescheiden) mogelijkheid die de opstelling van de buitenspeler in dit geval inhoudt ligt in een flitsende, korte pass, die de bal precies op zijn voet brengt. Meneer kan dan zonder meer de bal laten terugvallen op zijn binnenspeler, voordat de back gelegenheid krijgt zijn schoen ertussen te zetten.

Ik denk aan de volgende situatie. Op de linksbinnenplaats raak je in moeilijkheden door een charge van een tegenstander. Je moet de bal afgeven om hem voor je team te behouden. Daarom schuif je de bal snel door op de rechterschoen van de schrijlings op het veld en langs de lijn staande linksbuiten. Zelf loop je vlot door om je te verlossen van je bewaker. De buitenspeler kan daarna door een lichte voetbeweging het leer opnieuw in jouw bezit brengen.

Op deze manier wordt zelfs, ondanks alles, een actie vol perspectief ingeleid. De back komt tegenover twee tegenstanders te staan. Hij moet jou, die opkomt, aanvallen en de linksbuiten vrij laten lopen. Daardoor geeft deze achterspeler je de kans om de vleugelspeler opnieuw en nu onder gunstiger omstandigheden in het spel te betrekken.

Je wilde nog weten wat ik als linksbinnen zou doen, wanneer de back bij mijn buitenspeler bleef? Dit: ik zou de bal gezellig bij me houden, doorlopen tot zo dicht mogelijk bij het doel en dan inschieten. Of: doorlopen tot een tegenstander gaat pogen mij de bal afhandig te maken en op dát moment feilloos afgeven aan de man die door mij de vrijheid moet hebben veroverd.

Men kan door dit alles de indruk hebben gekregen dat het met de opstelling van onze linksbuiten nogal meeviel. Jammer! Heus, zo'n man aan het lijntje, pal bij een back, telt nauwelijks mee. Je speelt als het ware met tien man. Alleen wanneer er echt niets anders mogelijk is komt hij daar in aanmerking voor een pass. Wat voor alle andere veldspelers geldt is op hem in nog sterker mate van toepassing. Juist de buitenspelers dienen zich *vrij* op te stellen. Ze mógen zich niet laten afdekken. En de vrijheid is zo gemakkelijk te verkrijgen. Hoe? Alweer door wat meer terug te komen en te switchen!

Ik hoop dat het overbodig is te vertellen dat buitenspelers *niet* mogen terugtrekken wanneer hún partij in de aanval is. Dan zijn ook zij in de vuurlinie nodig. Terugkomen moeten de mensen op de vleugels tijdens een offensief en élke aanval van de tegenpartij. Zij dienen dan stellingen te veroveren waar zij geen of weinig last hebben van hun bewakers en waar de doelman en de eigen backs hen kunnen bereiken.

Dit zijn echter beslist niet de enige voordelen van deze posities. Teruggetrokken buitenspelers kunnen een uitermate belangrijke rol spelen bij het opbouwen van de eigen aanvallen. Van 'afwerkers' worden zij medebouwers. Zij gaan, in plaats van een halve, een héle wedstrijd meespelen en worden werkelijk het geld waard dat sommige rijke clubs voor goede buitenspelers op tafel wensen te leggen.

Laten we het maar weer zoeken in het praktische voorbeeld. Halverwege de veldhelft die door zijn ploeg wordt verdedigd, staande aan het lijntje, ontvangt onze linksbuiten de bal na een uittrap van zijn doelman. (Het is al een winstpuntje dat het leer in het bezit van zijn club blijft!) De linksbinnen heeft dat met plezier zien aankomen. Hij is aan de loop gegaan en heeft zich van een gunstige positie verzekerd op niet te verre afstand. Automatisch – het is even vanzelfsprekend als de komst van het nieuwe voetbalseizoen – speelt de buitenspeler hem de bal toe.

Twee dingen kan onze linksbinnen nu doen. Hij kan het leer doorspelen naar de rechtshalf (dwars over het veld dus), waardoor hijzelf tijd krijgt verder op te dringen naar het doel. Hij kan echter ook profiteren van de omstandigheid dat de rechtsback van de tegenpartij 'half' is meegegaan met onze buitenspeler, en met de bal doorlopen naar de linkervleugel, tussen de spil en de wat te ver opgedrongen rechtsachter door.

In beide gevallen is de taak van onze linksbuiten precies dezelfde: hij mag *niet* langs het lijntje gaan lopen – hij moet naar *binnen* komen. Het spel verlangt dat hij op het middenveld het werk van onze altijd (met of zonder bal) doorgaande linksbinnen overneemt. Hij wordt de schakel die de combinatie ook verder broodnodig heeft. Indien het een pass geworden is naar de rechtshalf, zal deze man wellicht op zijn beurt de bal via de spil plaatsen. Het maakt niet uit. Het gedeelte van het veld dat op papier voor de linksbinnen is gereserveerd, behoort bezet te blijven. Even groot is echter de kans dat de rechtshalf gedwongen wordt op een andere wijze snel af te geven – daarom moet die inkomende linksbuiten in de buurt zijn.

Is de linksbinnen met de bal afgezwenkt naar de zijlijn? Heerlijk! Dan komt er vast wel ruimte in het centrum. Tien tegen één stevent een tegenstander op hem af. Als onze man nu maar geholpen wordt! Als die linksbuiten zich nu maar zodanig opstelt dat zijn clubgenoot hem de bal kan toespelen! Waar is zijn plaats? Daar waar hij geen last heeft van bewakers. In dit geval vrijwel zeker schuin achter de linksbinnen.

Een prachtige zigzagbeweging wordt mogelijk. De linksbinnen trekt het leer even terug (buitenkant rechterschoen!) op zijn clubgenoot, flitst langs zijn tegenstanders en krijgt, zodra hij deze lieden is gepasseerd, prompt de bal terug. In combinatie lokken de twee spelers de bewakers weg en effenen zij de weg naar het doel. Dankzij het terugtrekken van de buitenspeler en de switch tussen hem en de linksbinnen is een prima aanval opgebouwd.

LES 21 *Neem risico's, kom je huisje uit!*

Oneindig is het aantal combinatiemogelijkheden. In een voetbalpool met vijftien wedstrijden zitten er waarschijnlijk nog minder dan in één voetbalwedstrijd. Dat lijkt weinig hoopgevend. Gelukkig is er één groot verschil. In de wedstrijd hebben wij zelf het hele spel in handen. We zijn niet afhankelijk van 28 andere clubs. We hebben slechts rekening te houden met het tegenspel van één team.

Hoe dat tegenspel ook moge zijn, het komt er vooral op aan dat wij het initiatief nemen. Het is de bedoeling dat de onzen de lakens uitdelen en dit is slechts te verwachten van een tactiek die compleet gericht is op aanvallen.

Ha, nu gaat Abe het stopperspilsysteem te lijf! – als u dit

denkt moet ik u ernstig teleurstellen. Zover zijn we nog niet en zover zal het in deze lessen ook niet komen. Ondanks alle bezwaren die men tegen deze speelmethode kan aanvoeren, kan men het s s s niet in één klap veroordelen. Wél is het mogelijk op de praktische uitvoering aanmerkingen te maken. Er zijn in elk geval beslist te veel oefenmeesters en te veel clubleiders die van het stopperspilsysteem een zuiver verdedigende speelwijze maken. (Dat op hetzelfde gebied meer fouten worden gemaakt is een ander onderwerp.) Met deze oefenmeesters en clubleiders bedoel ik al degenen die zeggen: 'Hou je mannetje, blijf bij hem, wat er ook gebeurt, ga maar aan zijn truitje hangen!' Kijk, dit lijkt er niet op. De mensen aan wie zulke opdrachten worden gegeven, worden volkomen uitgeschakeld voor de aanval. Ze mogen alleen maar verdedigen, slechts afbreken. En we hebben in het veld elke man toch zo hard nodig voor het opbouwen van de aanval!

Speciaal achterspelers en halfspelers worden veelal belast met de uitschakeling van bepaalde tegenstanders. De backs moeten – zo wil het systeem het – de buitenspelers geen kans geven om de bal te spelen. Van de spil wordt verwacht dat hij het leven van de midvoor onmogelijk maakt. De kanthalfs mogen niet wijken van de binnenspelers.

Op papier en op een tekenbord is dat allemaal mooi en aardig. In de praktijk kunnen dergelijke aanwijzingen eveneens hun nuttige waarde blijken te hebben. Het gevaar is echter niet denkbeeldig dat de betreffende spelers *halve* stukken worden. In hen wordt het initiatief doodgemaakt. Zij dreigen het spelinzicht te verliezen én het aanpassingsvermogen. Ten slotte worden het automaten.

Ik veroordeel het stopperspilsysteem niet! Ten onrech-

te heeft men een verhaal waarin het anders wordt gezegd,
de wereld ingebracht. Ik heb er alleen maar bezwaar tegen
dat de spelers een keurslijf wordt aangemeten dat hun vaak
niet past en een gevaar vormt voor hun verdere ontwikkeling.

Laten we nog even kijken bij de verdedigers die gedwongen worden tegenstanders absoluut te bewaken en uit te
schakelen. Houden zij zich aan deze scherpomlijnde opdracht, dan moeten zij zich voelen als jongens die door
moeder ook bij mooi weer in huis worden gehouden uit
vrees dat hun wel eens een ongeluk zou kunnen overkomen. Deze kinderen hebben het slecht getroffen met hun
(bange) moeder. Een verstandige ma houdt haar spruiten
slechts binnen bij ongunstige weersomstandigheden. Voor
het overige gunt ze hun de buitenlucht en aanvaardt ze de
risico' s van dat buiten-zijn.

Mogen wij als voetballers de voorkeur geven aan verstandige 'moeders'? Ik dacht dat wij daarop als vrije mensen toch wel wat rechten konden doen gelden. Goed – laten we de vijf verdedigers dan ook alleen binnenhouden bij
ongunstige weersomstandigheden. Geef ze de vrijheid als
het weer opklaart en néém de risico's die daaraan wellicht
verbonden zijn. Gun ze de kans om mee te werken aan de
opbouw.

Wanneer is het slecht weer in het voetbalspel? Kort en
goed: als de bal in het bezit is van de *tegenpartij*. Dan is het
de plicht van vrijwel alle spelers, van de verdedigers in het
bijzonder, om zich zodanig op te stellen dat zij een tegenspeler onder controle hebben. Opdat zij direct kunnen ingrijpen. Het weer klaart echter op zodra de bal door een
van onze mensen wordt overgenomen. Van dat moment af

vervalt voor elke medespeler, ook voor de backs en de spil en in nog sterkere mate voor de kanthalfs, de defensieve taak. Zij worden, ook al staan zij in de achterhoede, aanvallers.

'Kom eruit!' Het is een van de vaste uitroepen. Het is ook een van de weinige... goede. 'Kom uit je huisje, het is droog,' zo mag dit advies vertaald worden. Ik wil er dolgraag aan toevoegen: 'Geniet van het voor jouw ploeg gunstige klimaat en laat de zon volop schijnen!'

De zon zál schijnen! Als jij als achterspeler na een spelbeeldverandering, ontstaan door het veroveren van de bal door een medespeler, maar wegloopt bij de man die je te dekken had. Als jij als halfspeler de binnenspeler die je volgens de trainer als je 'persoonlijke vijand' moest beschouwen (zo zeggen ze dat vóór de wedstrijd) maar volledig aan zijn lot overlaat. Je hebt met z'n allen nu maar één taak: de vrije ruimte veroveren en posities te zoeken die de mogelijkheid scheppen om een aandeel te hebben in de opbouwende combinaties.

Zo rechtsback, durf je niet? Heb je niet de moed om de linksbuiten alleen te laten? Dan ben je voor mij, al heb je verdedigend nog zulke fantastische kwaliteiten, geen tientje per jaar waard. Weet je dat goed verdedigen een minder grote kunst is dan het leggen van de basis voor een goede aanval? Weet je dat een back die op de goede momenten weet vrij te lopen, pas een bekwame voetballer is?

Loop nog even met mij het veld op. Daar komt een aanval op ons doel door het midden. Onze rechtshalf zet zijn voet ertussen en bemachtigt de bal. Hij zoekt iemand aan wie hij het leer kan toespelen. Als jij als rechtsback nog steeds achter de 'vijandelijke' linksbuiten staat heeft hij niets aan je. Maar ben je vóór die tegenstander gekomen en heb je een vrije positie verworven, dan tel je dubbel mee. De rechtshalf kan zonder enig risico te lopen de bal naar jou toespelen.

Wat je verder met de bal moet doen? Hem onmiddellijk weer afgeven aan een derde en zelf angstig terugtrekken? Kom nou! Wanneer niemand je aanvalt ga je razendsnel door! Loop maar met die bal. Pingelen doe je uiteraard niet. Dat is levensgevaarlijk. Je waagt je aan geen enkel duel. Zodra een tegenstander in je buurt komt geef je af. Moet je daarna snel naar je plaats terugsprinten? Welnee. Blijf maar waar je bent. Achter is de zaak dik in orde: de rechtshalf, die jou de bal zo prachtig toespeelde, heeft je verdedigende taak allang overgenomen. Hij is in de buurt om een oogje op de linksbuiten te houden. Straks komt er wel een gelegenheid om je oude plaats weer in te nemen.

LES 22 *Bouw systeem rond de elf beste voetballers*

Ajax had in het seizoen 1946-1947 een best elftal. Zeven van zijn spelers maakten deel uit van de nationale ploeg of stonden op het punt daarin te worden gekozen. Mannen als Dräger, Potharst, Van der Hoeven, Van der Linden, Van Dijk en Joop Stoffelen behoorden tot de klasse der topspelers. Toch ging ditzelfde roemruchte team in de kampioenscompetitie met 6-5 ten onder op de Friese grond van Heerenveen.

Ajax speelde in deze wedstrijd het stopperspilsysteem. Wij niet. Heerenveen had zijn eigen speelwijze. Het zou niet juist zijn daaruit terstond de conclusie te trekken dat onze speelwijze dus kennelijk beter was dan die van de Amsterdammers. Zover mag men niet gaan. Wel meen ik, mede op grond van het verloop en de uitslag van dit treffen, te mogen vaststellen dat niet alleen het systeem, maar zeer veel factoren een grote rol spelen. De voornaamste daarvan? Techniek, maar ook *wilskracht.*

Mogelijk had u het al begrepen: ik heb een hekel aan het geven (en krijgen!) van bepaalde opdrachten aan spelers. Je kunt niet zeggen tegen iemand: je hebt dit en dat maar te doen. In de regel valt het volkomen anders uit dan de heren opdrachtgevers alias taakverdelers zich van tevoren hadden voorgesteld en waarop zij hun plan de campagne hadden gebaseerd. Zij mogen niet verdergaan dan het aangeven van hoofdlijnen en dienen het voor het overige aan de inzichten van de spelers over te laten. Want: voetballen is een kwestie van handelen à la seconde. Men moet doen wat op het moment nodig is. Het laat zich nauwelijks van tevoren bekijken.

Het zou bijvoorbeeld onjuist zijn een bepaalde speler, die op papier toch zo goed is, te blijven uitschakelen wanneer blijkt dat die 'grote man' volkomen uit vorm is. De aangestelde cipier moet in zo'n geval de moed hebben de opdracht na enige tijd te negeren. Hij dient, alle bevelen ten spijt, van koers te veranderen en niet zichzelf uit te schakelen (voor de aanval) door onnodig bij die zogenaamde briljante voetballer te blijven, omdat het hem nu eenmaal is opgedragen.

Verkeerd lijkt mij veelal het uitgangspunt. Men begint tegenwoordig met een systeem te kiezen om vervolgens de spelers te dwingen dit te gaan spelen. 'Ze moeten het maar leren,' is de opvatting van de heren die het tactisch in de club voor het zeggen hebben. Met die gang van zaken zal ik het mijn leven lang oneens blijven. Dit is mijn zienswijze: zoek de elf beste voetballers uit de club (of uit het land) en maak voor hen het systeem waarin zij gezien hun aard en kwaliteiten passen. Waarin zij zich kunnen uitleven en waarin hun kwaliteiten, die speciaal op het terrein der techniek moeten liggen, voor het elftal (of voor de natie) het grootst mogelijke nut zullen opleveren.

Het is nogal eens voorgekomen – en het zal hier en daar nog wel gebeuren – dat men een goede voetballer niet zijn plaats in het elftal gaf die hij op grond van zijn kwaliteiten wél verdiende. Motivering: 'hij past niet in het systeem!' Dát lijkt er niet op. Ik kan me voorstellen dat een groot voetballer buiten het team wordt gehouden op grond van een minder goede mentaliteit. Nimmer mag men echter een rasvoetballer passeren om redenen die slechts verband houden met de speelwijze.

Sta me toe nog even terug te denken aan de gelukkige jaren die ik beleefde als speler van Heerenveen. Onze keuzecommissie was begonnen de elf besten uit de club bijeen te brengen. Zij wist wat elk van deze mensen in zijn mars had. Zij wist ook wáár zij het meest waard waren. Deze wetenschap was het uitgangspunt bij de opstelling en bij het aangeven van de hoofdlijnen voor de speeltrant. Men gaf daarbij die hoofdlijnen zo aan, dat de spelers een zeer grote vrijheid behielden bij de uitvoering. Tot improvisatie, handelen naar de omstandigheden, werd alle gelegenheid gelaten. En... wij brachten het vér!

Voor het geval een voorbeeld uit eigen land niet voldoende mocht zijn – men ziet ook wel eens meer in buitenlandse dan in Nederlandse trainers, omdat ze uit het... buitenland komen! –, wil ik ook wijzen op het indertijd befaamde nationale team van Hongarije. Het speelde het stopperspilsysteem, doch het had de uitvoering ervan aangepast aan de kwaliteiten van de spelers.

Men dwong bijvoorbeeld troef Puskas niet om, hoewel hij een binnenplaats bezette, terug te komen en de kanthalfs te dekken. Wetende dat deze rasvoetballer in de vuurlinie zesmaal zoveel meer betekende dan in het keurslijf van het stopperspilsysteem dat een binnenspeler aantrekt, bood men hem de kans het accent sterk op het zuiver aanvallende spel te leggen.

Toch moest iemand de zaak op het middenveld in het oog houden. Het gebeurde. Behalve de andere binnenspeler kwam de midvoor vrij diep terug. Hij nam de defensieve taak van Puskas over en schiep, doordat hij de stopperspil wegtrok, tevens de ruimte voor het doel. Ten gerieve van... Puskas en het hele team.

Vrijwel zeker was er voor de Hongaren nóg een reden om deze tactiek te volgen. Door zo te spelen, met een vooruitgeschoven binnenspeler, profiteerden de Magyaren van hét zwakke punt in het sss. Zij zetten hun grootste troef daar waar het stopperspilsysteem bijzonder kwetsbaar is.

Op papier is het allemaal zo fraai. Je zet de backs bij de buitenspelers, de spil bij de midvoor, de kanthalfs bij de binnenspelers en je geeft de binnenspelers te verstaan dat zij de kanthalfs moeten dekken. Prachtig. Het schijnt potdicht te zijn. De werkelijkheid is echter anders. De spil is inderdaad in staat om de aanvalsleider, die niet gaat zwerven, het leven heel zuur te maken. Voor de backs wordt het wat moeilijker. Zij moeten zich tenslotte aanpassen aan de wisselingen van het spel van de tegenpartij. (Als de bal bij de rechtsbuiten van de tegenpartij is moet onze rechtsback

naar binnen komen, achter de spil, maar is de bal bij de linkervleugel, dan dient de linksback achter zijn spil voor rug-
dekking te zorgen.)

Maar de kanthalfs? Zij hebben een bijna onmogelijke
taak. Aan de ene kant behoort het tot hun 'opdracht' de
binnenspelers uit te schakelen. Aan de andere kant dienen
zij achter hun aanval aan te gaan, om die te steunen en met
passes te voeden. Door die tweeledige taak vormen de halfspelers verdedigend de zwakste punten in het gehele stopperspilsysteem. Opkomend, achter hun voorhoede aan, laten zij in de defensie gaten vallen. Daarvan moet de aanvallende partij profiteren door de spits van de aanval naar dit
punt te verleggen.

De theorie wil dat de binnenspelers achter de naar voren
trekkende halfspelers aan gaan. In de praktijk komt daar
echter weinig van terecht. De kans dat een binnenspeler
die heeft deelgenomen aan een aanval, zijn kanthalf ach-
terhaalt, is één op tien. De kanthalf ligt veelal een meter
of tien voor en het valt zelfs voor de rapste sprinter niet
mee dit verschil te overbruggen. Voordat de binnenspeler
bij hem zou kunnen zijn heeft de halfspeler de bal al lang
en breed afgegeven.

Daarom: néém het risico van een opkomende kanthalf!
(We moeten niet bang zijn dat de tegenpartij misschien
een goal zal maken.) Laat onze sterkste binnenspeler vóór
blijven. Gun hem zijn vrije positie in de frontlijn, opdat
de verdediging hem direct, na het afslaan van een aanval,
de bal kan toespelen. Heus, hij is daar meer waard voor de
ploeg dan hollend achter een tegenstander die hij toch niet
kan inhalen.

LES 23 *Drie-man-op-een-kluitje: soms gaat het*

Wanneer men mij vraagt: 'Wat zijn je mooiste herinneringen uit je schooljaren?' behoef ik niet lang te denken. We hadden in Heerenveen op de lagere school een bijzonder plezierige juffrouw, die mij vaak in bescherming nam. Misschien moet ik haar in de eerste plaats noemen. Boven aan mijn lijstje staan echter de... schoolvoetbalwedstrijden. Dat was toch wel het mooiste van alles!

We hadden een best elftal. Daar konden de andere scholen uit Heerenveen en omgeving niet tegenop. Ze gingen erin met 'boter en suiker'. Mijn voetballoopbaan is eigenlijk ook begonnen in die jaarlijkse toernooitjes. Bestuursleden van de plaatselijke club – toen nog een onbekende tweedeklasser – zagen wel wat in me. Zij vroegen mijn vader of ik lid mocht worden. En aangezien hij – hoewel niet bepaald een voetballiefhebber – 'ja' zei kwam ik in de aspiranten terecht.

Van die schoolwedstrijden herinner ik me ook dat we altijd met z'n tienen op de bal afstormden. Waar het 'drietje' was, was het hele elftal te vinden. Alleen de keeper bleef – nog tegen zijn zin – in het doel. En aangezien de tegenpartij precies dezelfde 'tactiek' volgde, stonden we veelal met twintig jongens op een kluitje rond de bal. Pas later ben ik gaan begrijpen dat het heel wat verstandiger was je zo ver mogelijk buiten die opeenhoping te houden. Als de tegenstanders daar met z'n allen bijeenstonden kon je je juist heerlijk vrij opstellen. Dat ben ik prompt gaan doen.

De beroemde uitdrukking 'op een kluitje bij elkaar' moet u niettemin even vasthouden. Ik ben namelijk bang dat het weer een 'kluitje' wordt wanneer men mijn opmerkingen

over het afdwalen naar andere plaatsen verkeerd gaat uit-
leggen. Toen ik uiteenzette dat de voorhoedespelers niet
gebonden zijn aan de plaatsen die zij van de elftalcommis-
sie krijgen toegewezen, wilde ik geenszins beweren dat
die vijf aanvallers met hun vijven op een kluitje bij elkaar
moesten kruipen.

Wat er ook gebeuren mag, hoe de afdwalingen ook uitlopen, te allen tijde dienen die vijf voorhoedespelers ervoor te zorgen over de gehele breedte van het veld ver-
spreid te staan. De verdedigers van de tegenpartij mogen
zich niet slechts op een bepaald deel van het terrein kunnen concentreren en medewerking in dit opzicht verleent
men juist door te dicht bij elkaar te gaan staan. Er is niets
tegen een afzwenking van de rechtsbinnen naar de links-
buitenplaats. Doe het rustig, loop maar naar die andere
vleugel als je meent daar je team een grote dienst te kunnen
bewijzen. Wanneer de verdediging op onze linkervleugel
kennelijk verzwakt is en de midvoor niet in de gelegenheid
is (bijvoorbeeld doordat hij ver teruggetrokken is) in het
ontstane gat te duiken, *moet* je zelfs, al sta je nu honderdmaal rechtsbinnen, zeer beslist hier positie kiezen. Dat is
het spel!

Het is echter óók het spel dat het gedeelte van het veld
dat voor de rechtsbinnen is gereserveerd, in onze handen
blijft. We kunnen dit niet prijsgeven. Voor die bezetting is
bestemd de man die door de afzwenking van de rechtsbinnen naar links op de vleugel overbodig is geworden: onze
linksbuiten. Het is zijn plicht om de functie van rechtsbinnen tijdelijk over te nemen. Slechts indien de linksbuiten
zo handelt kan men spreken van een werkelijk geslaagde
switch.

Er kunnen zich omstandigheden voordoen die het voor

de linksbuiten onmogelijk maken terstond als rechtsbinnen te gaan opereren. Daarvan is bijvoorbeeld sprake als
het juist de linksbuiten is die – wat teruggetrokken – de pass
geeft aan de naar links afgezwenkte rechtsbinnen. Toch
moet er een man van ons op de rechtsbinnenplaats komen.
Wel, waarom zouden dan de midvoor en de linksbinnen
niet een plaats naar rechts opschuiven? Niets weerhoudt
hen! Onze linksbuiten kan gaan opereren als linksbinnen,
op de plaats die in elk geval binnen zijn bereik ligt.

Hoofdzaak is dat ondanks alles een spreiding van spelers
wordt bereikt die een bezetting van de gehele veldbreedte
garandeert. Daarbij maakt het niet uit wélke mensen op
bepaalde posten staan. Het enige belangrijke is dát er mensen (van ons) present zijn.

Nog een opmerking over dit verwisselen. Het is niet de
bedoeling dat de spelers uitsluitend bij het midden-uit nemen (de aftrap) op hun aangewezen plaatsen staan. Zo af
en toe moeten zij zich wel hier opstellen. Hun medespelers
moeten niet de hele wedstrijd naar hen behoeven te zoeken.

Het kluitje uit de schoolwedstrijden laat me nog niet los.
Soms zit in deze 'tactiek' zelfs iets goeds. Althans: een heel
klein kluitje (van spelers) kan nuttig zijn.

De weinige landgenoten die de landenwedstrijd Zwitserland-Nederland in Lausanne hebben bijgewoond en
de duizenden die dit treffen voor het televisietoestel hebben gevolgd, moeten hebben opgemerkt dat ik voor de rust
steeds ver terugkwam. Ik stelde me herhaaldelijk vlak bij
mijn clubgenoot Gerrit Voges (hij speelde rechtsbinnen, ik
linksbinnen) op. Mijn hoop was erop gericht dat een derde medespeler zich daar bij ons zou voegen. Behalve Voges

begreep echter niemand mijn bedoelingen. Daardoor mislukte het plannetje.

Wat wilde ik? Dit! De Zwitsers uit hun grendelstelling lokken. Ik wilde hen verleiden naar voren te komen, de bewaking te verwaarlozen en de deur (voor ons) te openen. Twee mensen lukt dit nooit. Er zijn er ten minste drie voor nodig. En bij die drie dient of de midvoor of een buitenspeler te zijn. Slechts twee mensen mogen werkelijk in de vuurlinie blijven. Nog sterker: zij *moeten* zich daar listig opstellen en wel zo, dat zij op de onverwachte dieptepass die ten slotte van een van de drie-uit-het-kluitje komt, razendsnel kunnen reageren.

We blijven nog even bij de drie spelers die daar op het middenveld voor het oog een beetje aan het 'knoeien' zijn. In een gezellig driehoekje staan ze opgesteld. Ze spelen de bal maar wat naar elkaar toe. 'Afgeven!' schreeuwen ze al op de tribune. Dat gedoe verveelt de kijker kennelijk. Laat ze maar roepen en mopperen. Wij wachten op het moment waarop het de verdedigers van de tegenpartij gaat vervelen. Zij moeten brutaal worden, een eind aan dat 'gespeel' willen maken en uit hun... huisje komen.

Dat ogenblik komt. Kijk maar! De spil rent boos naar voren. Hij zal ze wel krijgen! En hij doet datgene waarop wij gehoopt hadden: hij opent voor ons de poort. In plaats van verder te gaan met het tiktakspelletje brengt een van de drie 'knoeiers' de bal met een verre pass (waarop geen tegenstander meer is ingesteld) voor het doel. Eén van de twee mensen die voor gebleven zijn, sprint op het leer af. Hij kan zich, dankzij het wegtrekken van de overmoedig gemaakte spil, op een vrij veld een prachtige scoringskans verwerven.

LES 24 *Matthews bewijst: je bent niet gauw te oud*

Stanley Matthews is omstreeks de jaarwisseling 1956-1957 tweemaal onderscheiden. De Britse grootvoetbalmeester werd door deskundigen gekozen als Engelands beste sportman van 1956 en kort daarna riep men hem uit tot de 'beste voetballer ter wereld van 1956'. Stanley kreeg een koninklijke onderscheiding. Velen vonden het te weinig dat hij slechts een paar letters achter zijn naam mocht zetten. Huns inziens had Matthews bevorderd dienen te worden tot de stand van 'Sir'.

Nog nooit heb ik in een wedstrijd met Matthews op het veld gestaan. Jammer! Graag had ik me eens met hem willen meten. Een wedstrijd tegen voetballers van zijn formaat inspireert me altijd. En een mens is nooit te oud om te leren.

Over oud gesproken: Stanley vierde begin 1957 zijn 42ste verjaardag en stond tot voor kort in het Engels elftal. Hij is in de League zelfs een van de uitblinkers, maakt de meeste doelpunten en legt de basis voor de goals die niet van zijn voet komen. Met dit voorbeeld voor ogen heb ik de moed te hopen voorlopig nog wel te kunnen meekomen in het Nederlands elftal. Waarom zou Matthews wél tot z'n 42ste jaar goed zijn voor het nationale shirt en ik niet? Ik zou trouwens nog vijf jaar te goed hebben en dat is nog een hele tijd.

Het voorbeeld van Stanley heeft me ook duidelijk gemaakt dat ik niet behoef te wanhopen als ik weer eens gepasseerd mocht worden. Matthews werd herhaaldelijk niet opgesteld, maar kwam steeds terug in de nationale ploeg. Wat dat betreft is er al enige overeenkomst tussen hem en... mij. Het kan een gunstig voorteken zijn.

Wat dit met voetballes te maken heeft? Veel! Matthews bewijst onder meer dat het niet juist is om iemand *niet* op te stellen omdat hij al zo en zo oud is. Hij toont aan dat men in de voetballerij geen leeftijdsgrens kan trekken. Herhaaldelijk komt het in ons kleine voetbalwereldje voor dat oudere spelers aan de dijk worden gezet op grond van hun 'ouderdom'. Dat is niet correct. Het kan gebeuren dat men in de vereniging beschikt over jongeren, die beter zijn dan die zogenaamde 'oudjes'. In dat geval valt op een vervanging niets aan te merken. Jongeren met méér kwaliteiten verdienen de voorkeur boven ouderen én andere jongeren. Even vaak bespeurt men echter dat jongeren uitsluitend in plaats van ouderen worden opgesteld omdat ze... jonger zijn en 'omdat ze toch ook eens een kans moeten krijgen'. Daarmee kan ik me niet verenigen.

Waarom toch moeten jongeren een kans krijgen als zij qua capaciteiten nog ten achter staan bij die ouderen? Omdat zij misschien een tikje harder kunnen lopen? Dit zou een motief kunnen zijn als het spel uitsluitend was gebaseerd op dit onderdeel. Aangezien voor goed voetballen echter wel wat meer gevraagd wordt dan alleen snelheid, mag dit slechts één punt van beoordeling zijn in de vergelijking tussen de jeugdige en de oudere kandidaat. Die snelheid mag echter alleen doorslaggevend zijn indien de jongere op de overige onderdelen even goed is als de man die hij zou moeten vervangen. Zolang dat 'oudje' méér spelinzicht heeft, zijn balbehandeling beter is en zijn productiviteit groter en zolang hij het tempo niet vertraagt, behoeft hij niet te wijken voor de jongen die toch zo hard kan lopen.

Bij de keuze tussen spelers mag men feitelijk nauwelijks letten op de leeftijd. Het gaat er slechts om de beste man van het ogenblik op te stellen. De kwaliteiten zijn niet afhankelijk van het aantal jaren. Of toch wel? Ja! Een oudere kracht heeft meestal... méér kwaliteiten. Dankzij zijn in wedstrijden gegroeide kijk op het spel. Daarmee is hij wellicht in staat om zijn mogelijk tekort aan snelheid te compenseren.

Er is nog iets wat vaak voor hem pleit: hij doet alles serieuzer en beheerster. Alweer: dankzij zijn leeftijd! Eén pass van hem is meestal meer waard dan tien van zijn jongere, razendsnelle clubgenoot. Terwijl hij het 'bekijkt' en zich niet stort in avontuurtjes, waagt de jongere het er maar op. Het kan meevallen en het kan tegenvallen. Het 'oudje' is meer bezonnen, verspilt zijn energie niet (hij weet precies welke bal hij wel en welke hij niet kan halen!). Hij weet zich te beheersen als hij een doelrijpe kans krijgt en mist zelden, in elk geval minder dan het rondhuppelende, enthousiaste jongetje.

Het woord 'vervanging' wordt maar al te gemakkelijk gehanteerd. Te laat mag men er nooit mee zijn. Er zijn elftallen aan lagerwal geraakt omdat de samenstellers niet de moed hadden 'oude rotten' te vervangen. Zij wilden het nog wel even aanzien en zagen het té lang aan. Ik ken ook gevallen waarin moeilijkheden ontstonden doordat men plotseling alle oudjes tegelijk aan de kant zette. Het werd zo'n soort seizoenopruiming. Wég was de 'graat' die het elftal stevig aan elkaar hield. Met al hun enthousiasme en vrij behoorlijke technische capaciteiten vormden de jongeren geen eenheid. Zij misten in hun midden enkele strategen die het spel (en de mensen) konden leiden.

Verjonging mag slechts zeer *geleidelijk* gebeuren. Stap voor stap dienen oudjes, aan wier spel men kan zien dat zij op korte termijn niet meer zullen kunnen meekomen,

aan jongere krachten hun plaats af te staan. Wanneer... deze jeugdiger figuren althans werkelijk even bekwaam zijn
als die oudjes. Is dat niet zo, dan toch maar de mensen die
zogenaamd niet zo jong meer zijn. Maar dat had u al begrepen.

Matthews heeft me tot het uiten van deze gedachten gebracht. Door hem weten we dat ook een speler van boven
de veertig jaar nog kan schitteren. Van hem hebben we onder meer geleerd hoe je een speler kunt passeren.

Stanley de Grote gebruikt zijn tegenstander als lantaarn-
paal. Hij schiet de bal tegen diens been aan, waarna het leer
altijd bij hem terugkomt. Op het moment dat de tegenspeler denkt de bal in zijn bezit te hebben, loopt Matthews al
langs hem. Met de bal aan zijn voet. Het is een van de manieren om een 'bewaker' zijn vertrouwen in eigen kracht
te ontnemen. Zo'n beetgenomen man gelooft er niet meer
in...

Mag ik er nog een passeermethode van mij naast zetten? Graag! Dat gaat dan zo: Doe alsof je van plan bent de
bal vlak langs iemands rechterbeen te spelen. Een lichte
voetbeweging is daarvoor voldoende. De tegenstander verzet prompt dat rechterbeen. Kijk meneer eens mooi schrijlings staan! Het is nu een koud kunstje om de bal tussen
zijn benen door te schieten. Profiteer daarvan voordat de
tegenstander zich herstellen kan. Dus: doe het snel!

LES 25 *Maak de training meer persoonlijk*

Sinds de dag waarop voor mij de voetballerij in clubverband begon, zijn zo'n vijfentwintig jaar verstreken. Wat dat
betreft ben ik gauw aan mijn zilveren jubileum (als voet-

baller) toe. In die kwarteeuw heb ik ook vele leermeesters gehad. Beste, goede en slechte. Eén ding is me bepaald duidelijk geworden: trainers kunnen spelers maken, maar vooral... breken.

Het ligt niet in mijn voornemen hier uit de doeken te doen op welke wijze bepaalde heren, die zich officieel oefenmeesters mogen noemen, een talentvolle voetballer tot een waardeloos prul degraderen. Dat het iets met dwingelandij en systeemspelen van doen heeft mag ik u wel verklappen. Verder: stop. Eenvoudig omdat afbrekende kritiek gelijkstaat met het missen van een kans voor open doel.

Sta me wel toe in deze laatste les wat te zeggen over de training. Een van mijn eerste opmerkingen in *Voetballen doe je zó* is destijds geweest: zorg dat je altijd een balletje bij je hebt en ga er, waar dan ook, mee trappen. Hier wil ik nog eens herhalen dat ik mede door zo in mijn jonge jaren te handelen de hoogste top heb bereikt waarop men in de voetbalwereld terecht kan komen. Door elke gelegenheid om in mijn eentje te trappen te benutten heb ik ontdekt wat je allemaal met de bal kunt doen. Op die manier kreeg ik feeling voor het stuk leer dat zoveel wonderlijke capriolen kan maken.

Is het mogelijk iets van dezelfde aard te doen tijdens de clubtraining? Meevallen zal het niet, maar het kan wel en men kan in elk geval proberen dit doel zo dicht mogelijk te benaderen. Dat doet men door de training een sterker *individueel* karakter te geven dan nu gebruikelijk is.

Het is geen kunst voor een oefenmeester om vijftien jongens allemaal hetzelfde te laten doen. Het is ook wel het gemakkelijkste voor hem. Maar wat heeft het voor zin voor de spelers? Weinig. Een jongen die uitstekend kopt, mag zo'n avond, om het bij te houden, een paar keer koppen. Het is echter niet juist hem erg lang in de kring te houden. De tijd die daarmee heen gaat is kostbaar en kan veel beter gebruikt worden voor een les die tot doel heeft zijn matige kwaliteiten op een ander spelonderdeel te verbeteren. Wanneer deze goede 'kopper' bijvoorbeeld slecht trapt moet hij op dit punt onder handen worden genomen. Laat hem zo lang mogelijk schieten tegen de plank, waarop aan de zijkant de hoogste en in het midden de laagste cijfers staan. En, meneer de trainer, geef hem een stukje chocolade wanneer het hem eindelijk lukt tien keer in de roos (daar waar de tien staat) te schieten!

Heeft de man met het fantastische schot geen kaas gegeten van schijnbewegingen? Weg die bal. Hij krijgt hem niet te zien voordat hij een 'tegenstander' uitsluitend door heupbewegingen naar de andere kant heeft gestuurd. En jij, speler, stribbel niet tegen. Ik weet wel dat het leuker voor jou is om op een trainingsavond datgene te doen waarin je sterk bent. Maar dat is niet nuttig. Je moet je juist bekwamen in hetgeen je nog niet kunt. Je zwakke spelonderdelen moeten onder handen worden genomen.

Zijn er praktische bezwaren? Kan de leider van de training niet overal tegelijk zijn? Bezwaren zijn er om te worden overwonnen. Ik dacht dat dit mij destijds, toen ik bij wijze van 'noodhulp' de spelers van Heerenveen mocht trainen, ook goeddeels wel gelukt is. Inderdaad nam ik alle jongens apart onder handen. Ik trainde hen individueel, wees hun op hun fouten en deed het hun beter voor. In tweede instantie vormde ik groepjes van twee, daarbij degene die sterk was op een bepaald spelonderdeel koppelend aan de man die op hetzelfde punt juist minder bekwaam was. De een leerde het, na mijn aanwijzingen, de ander.

Door deze methode te volgen bereikte men ook iets anders. Deze jongens worden de beste vrienden. Zij gaan ook buiten het sportveld meer met elkaar om en ik zou me al sterk vergissen indien zij ook buiten het clubverband niet gingen oefenen. Samen zullen zij, lijkt mij, alles doen om elkaars voetbalkwaliteiten te verbeteren. Uit pure vriendschap én omdat het clubbelang dit vraagt.

Daar staat het: *vriendschap*. Daar draait óók de voetballerij om. Zonder goede verhoudingen tussen de spelers komen we niet ver. En zouden juist de trainingsavonden niet bij uitstek de gelegenheid bieden om stevige banden te smeden tussen de jongens die het elftal en de vereniging vormen? Ik geloof dat daarover geen twijfel kan bestaan.

Voor een groot deel hangt het af van de spelers of de oefenuren tot grotere vriendschap leiden. Zij zullen ten volle moeten meewerken en bereid zijn al datgene te doen wat voor hun medespelers met mindere talenten noodzakelijk is. Zij dienen mee te helpen. Voor een even groot deel hangt het resultaat echter af van de... oefenmeester. Ik heb er een meegemaakt die de spelers tegen elkaar in het harnas joeg. Daardoor was hij, ondanks zijn capaciteiten, volkomen ongeschikt voor zijn taak. Ik ken ook een trainer die spelers, na minder goede prestaties, in aanwezigheid van het hele elftal uitschold voor 'sufferd'. Daar bleef het dan niet bij.

Zulke heren begrijpen er niets van. Nooit zal een elftal een eenheid, een vriendenkring worden, wanneer één of meer spelers in het bijzijn van anderen worden afgebroken. Verwijdering is het enige wat men met dit 'systeem' bereikt. Als ik de heren een raad mag geven: ga bij de falende spelers gezellig op visite, praat rustig met hen over hun voetbalgebreken en maak hen tot uw beste vrienden!

Voordat u het vergeet: het begin en het einde van goed voetbal is de... techniek. En niets anders! Daarom tot besluit nog een klein trucje: vang de bal-in-de-vlucht met je ene voet op en jaag hem met de andere het doel in. De bedoeling van deze behandeling is weer misleiding. De keeper, die ziet dat je je been omhoogbrengt en de bal opvangt op je schoen, verwacht dat je het leer onder controle zult brengen. Hij denkt de tijd te hebben. Maar voordat de bal op de grond kan komen, terwijl het leer valt, gaat het tweede been de lucht in. (Je zweeft even tussen hemel en aarde.) Het wordt een doelpunt van het mooiste soort!

Geheimtaal en heerlijk onbegrijpelijk

Eén keer in mijn leven heb ik Abe Lenstra ontmoet. Dat was in de periode na zijn eerste hersenbloeding; in het oude stadion van Heerenveen. In het Friese Haagje had Heerenveen toen nog lang niet de status en de allure die de club nu heeft. Heerenveen was nog een eenvoudige, modale betaaldvoetbalorganisatie, die drie keer achter elkaar in de eerste divisie op de elfde plaats eindigde. De spelers droegen ook toen, zo rond 1978, het karakteristieke blauw-witte shirt met de pompeblêdden met ere, maar in doorsnee waren het nogal naam- en faamloze semi-profjes. Ze hadden wel bijzondere namen: Berend Negerman, Piet Boskma, Rinie Jurna, Johan Padding, Age Postma, Mollo Eijer, Peter Kram. Maar erg goede voetballers waren ze dus niet. Dat vond Abe ook. En dat vond hij niet alleen, dat zei hij ook erg nadrukkelijk. Abe mopperde zelfs dat het een aard had. Hij stortte veel kritiek uit over de hoofden van de spelers en die gingen daar beslist niet beter van voetballen. Ik moest toen denken aan wat Faas Wilkes me wel eens met een knipoog had gezegd: 'Abe was natuurlijk een verschrikkelijk goeie voetballer. Ik kon echt van hem genieten, hij kon werkelijk alles met de bal. Maar je nam hem bij het Nederlands elftal niet in de eerste plaats voor de gezelligheid mee. Ik mocht Abe als mens heel graag, maar hij was niet altijd even vrolijk.'

Nooit heb ik Abe Lenstra zien voetballen. Toch was ik als kind een overtuigd fan van hem. Hij was een bijna buitenaardse speler. Dat wist ik van de radio en een hoogst enkele keer ook van het Polygoon-journaal. Wanneer ik in het verre Rotterdam bij een tante mocht logeren, mocht ik mij op zaterdagmiddag overgeven aan de sensatie van de cineac. Soms had ik het geluk dat zo'n logeerpartij een week na een interland op het programma stond. Tijdens de hete gevechten tegen de eeuwige rivalen uit België, maar ook tegen gevreesde landen als Zwitserland en Saarland, hoorde je de mannetjes van de radio regelmatig heel hoog opgeven over de technische vaardigheid van Abe. Een dag na zo'n interland reed ik op de fiets met grote spoed naar het station van Bergen op Zoom, alwaar het nadien nooit meer overtroffen maandagochtendsportblad *Sport & Sportwereld* voor twintig centen te koop was. In dat blad schreef hoofdredacteur C.H. 'Kick' Geudeker op de voorpagina zijn ernstige en kritische commentaar. Andere journalistieke grootheden als ir. Ad van Emmenes en Martin Bremer ('Technisch Hoofdredacteur' – waar zou die titel toch voor hebben gestaan?) lieten in het blad ook vele kolommen lang hun licht schijnen over de zaken die zich in de interland hadden afgespeeld. In mijn omvangrijke archief heb ik nog aardig wat exemplaren van *Sport & Sportwereld* liggen. Graag mag ik er nog regelmatig in bladeren. Uit de lade met interland nummer 219 (Zwitserland-Nederland van 15 september 1956, gespeeld in Lausanne, uitslag 2-3) pak ik voor de aardigheid zo'n relikwie van Geudeker c.s. Dat treft: de hoogste baas is een verwoed supporter van Abe en Abe heeft in Lausanne weer eens laten zien dat hij ook op de gezegende voetballeeftijd van bijna 36 jaar nog steeds tot de besten behoort. Dat wil Geudeker weten ook:

'Er zal wel weer critiek op hem zijn, omdat hij niet overal tegelijk was en we zullen ons weer wel aan een Abe-cultus bezondigen, maar wij vinden nu eenmaal drie doelpunten erg belangrijk. Niet dat Abe ze alle drie maakte, maar in de twee die hij niet maakte, had hij een zeer belangrijk aandeel, zoals hij trouwens nog verscheidene passes gaf en kansen schiep, die bij een beter begrip of een betere afwerking ook direct tot doelpunten hadden kunnen leiden. Zijn eigen doelpunt, in de eerste minuut van de wedstrijd, was weer een meesterlijk staaltje voetbal van hem. Zó effectvol was het schot, dat hij, schuin en uit ongunstige positie voor 't doel, losliet, dat de bal als een soort boemerang langs de paal in het doel draaide, tot grote ontsteltenis van de totaal verraste Zwitserse keeper, die de bal al "uit" had zien gaan. Geen gelukkig schot, zoals een slecht geraakte bal wel eens gelukkig terecht komt, maar een bewust effectschot, waarvan Abe zelf de uitwerking eerder wist dan iemand anders. Nogmaals: een meesterlijke goal!'

Tegenwoordig zijn de beschrijvingen van bijzondere interlanddoelpunten wat korter.

Wat kon je als kind gelukkig zijn bij het lezen van bovenstaand voetbalproza. Niet dat je alles al begreep. Sterker, het meeste begreep je eigenlijk niet, maar net als bij de radio kon je wel heel mooi je fantasie beproeven. Ik droomde van boemerangs die langs de paal vlogen en van een Zwitserse keeper die wel ontzettend ongelukkig moet zijn geweest. Extra bijzonder was dat het Nederlands elftal van 1956 in de voorhoede drie spelers telde die waren gezegend met voornamen waarvan je niet eens wist dat ze bestonden: Tinus, Abe, Coy. In ons stadje heette je Jan, Merien, Kees, Bram, Arie, Teeuw, Piet, Hendrik of Dirk. Om eens met die traditie te breken waren mijn ouders voor mij met een nieuwe, volkomen ongebruikelijke naam op de proppen gekomen. Was eens iets anders, maar iedereen vond het maar raar, eigenlijk.

Terug naar Abe op 15 september 1956. Van Emmenes deelt het enthousiasme van Geudeker voor de veteraan. Hij besteedt een half kolommetje aan Abe en sluit zijn oordeel als volgt af: 'De totale indruk bleef dat Abe technisch de beste speler op het veld was, in zeker opzicht zelfs op eenzame hoogte stond.' De ingenieur schrijft vervolgens in een ander verhaal uitvoerig over de tactische geheimen van de wedstrijd. Hij moet er onnoemelijk veel verstand van hebben. De hele geschiedenis van het befaamde Zwitserse Grendelsysteem komt weer eens aan de orde. En ook de prachtige manier waarop Onze Jongens hierop hebben gereageerd. Als kind snapte je er natuurlijk geen bal van, maar ik las het stuk wel helemaal uit. Zo ook de andere verhalen in het blad, die deze koppen meekregen:

Goed moreel verdoezelde onze zwakke punten
Verdediging groeide in nood
'Hoolboom stopte de bal verkeerd,' zei Abe!
Twee blunders van Antenen beïnvloedden het resultaat
Verwarring rond de volksliederen
Oudjes deden het best
Streep aan de balk
Eerste zege in Zwitserland na 22 jaar
St. Etienne stond Rijvers niet af
Botsing der systemen leidde weer niet tot mooi spel
Zwitserland verloor door gemis aan sterren

Abe op weg naar records
Beb Bakhuys zegt er het zijne van

Eén interland, een vriendschappelijke, dertien (!) koppen. En dan op de achterpagina ook nog alles prachtig in beeld gebracht door de topfotograaf Tiemen van der Reyken. Kom daar anno 2007 nog eens om.

De manier waarop *Sport & Sportwereld* de interlands beschreef was voor een kind bovenal mysterieus. Dat paste helemaal bij de onvergetelijke boekjes die Abe in respectievelijk 1956 en 1958 liet schrijven bij NV De Arbeiderspers: *Voetballen doe je zó* en *Honderd goals!* Als prille pupil heb ik die boekjes verslonden. Maar ook van die boekjes begreep ik toen bijna niets. Nu ik ze nog eens uit de boekenkast haal, begrijp ik heel goed waarom ik er aan het einde van de jaren vijftig van de vorige eeuw niets van begreep. Met het boekje opengevouwen op ons trapveldje deden we oefeningen, die we maar moeizaam, of eigenlijk nooit, onder de knie kregen. Hemeltjelief, wat maakte Abe het ons moeilijk. Neem nu de schaarbeweging – daar wilden we ook wel eens aan beginnen. Moest je het volgende tot je nemen: 'De schaar is m.i. niet zo lastig. Hij is zelfs wat eenvoudiger dan de schijnbeweging, waarmee we de vorige les afsloten. De schaarmanoeuvre vraagt voornamelijk een zeer goede lichaamsbeheersing. Neem dit keer maar een stil liggende bal, zet je schrap op het linkerbeen en til vooral niet te zwaar aan dat schrapzetten. Ga beslist niet als een houten Klaas bij het leer staan. Alle spieren moeten loshangen. Het lichaam helt naar links over. Op deze manier wek je de indruk de bal met de rechtervoet naar links te zullen spelen. Dat gebeurt dus... niet. Het rechterbeen, dat met de binnenkant voet rechts naast de bal stond, komt achter het leer om tot links naast de bal. Het been zwaait, terwijl het lichaam automatisch van links naar rechts gaat, tussen het linkerbeen en het leer door (nu schaar je, kijk maar naar foto 34), gaat om of over de bal heen naar rechts en daar plant je de voet rechts naast de bal neer. Het bovenlichaam draait mee en nu ben je, waar je – volgens het recept-Adam – naar toe wilde: je kunt de bal met de linkervoet, die pal achter de bal staat, meenemen.'

En Abe maar denken dat een jongetje van acht jaar dat allemaal nog kan volgen in 1959.

Nee, voor *Voetballen doe je zó* moest je toch minstens al op de mulo zitten. Maar lezen deed ik het boekje dus wel, net als *Honderd goals!* Van dat tweede boekje is me als kind vooral bijgebleven dat de voetbalsport de wereld van de geheimtaal vertegenwoordigde. Wat moest ik toch met deze hoofdstuktitels:

Zó neem je de keeper bij de neus!
Dropkick: de schoen is een halve brug
'Snoeksprongen' zijn vaak goed voor doelpunten
Geen vrije schop in het ongerijmde
'Pingelen' is (meestal) uit den boze (Terwijl ik dat nu juist het allerleukste vond!)
Neem risico's, kom je huisje uit!

Werkelijk, ook ik heb ze verslonden, de boekjes van Abe. Maar of ik dankzij hem een betere voetballer ben geworden? Ik waag het te betwijfelen, maar alle heerlijke onbegrijpelijkheid van Abe had ik voor geen goud van de wereld willen missen.

Matty Verkamman

Van *Voetballen doe je zó* verschenen drie drukken in drie verschillende edities, te weten in 1956, 1958 en 1960. Van *Honderd goals!* verscheen één druk in 1958. Dit is de eerste druk waarin beide titels gezamenlijk zijn opgenomen, zodat cumulatief kan worden gesproken van de vijfde druk in 2007.